Más allá
de la Clase de Música

Más allá
de la Clase de Música

LOS HÁBITOS
DE LAS FAMILIAS
SUZUKI
EXITOSAS

CHRISTINE E. GOODNER

© 2020 Christine E. Goodner
Más allá de la Clase de Música: Los hábitos de las familias Suzuki exitosas

Primera edición, diciembre 2020
Brookside Suzuki Strings, LLC
Hillsboro, Oregon

Traducción: María del Mar Cerdas-Ross
Edición: Shayla Eaton, CuriouserEditing.com
Editorial & servicios de diseño: Melinda Martin, MartinPublishingServices.com

Beyond the Music Lesson: The Habits of Successful Suzuki Families se encuentra protegida por derechos de autor. Ninguna parte de este libro se podrá utilizar o reproducir de ninguna forma sin la autorización por escrito, excepto en el caso de citas breves incluidas en artículos críticos o reseñas. Impreso en Estados Unidos de América. Todos los derechos reservados.

ISBN: 9780999119228 (impreso), 9780999119259 (epub)

A mis padres,
quienes me dieron una infancia llena de música,
familia, risas y amor.

Sin ustedes no sería quien soy hoy.

A Hannah y Samantha,
que me enseñaron lo que significa
ser padre de familia y se han convertido
en maravillosas muchachas.

Estoy orgullosa de llamarlas mis hijas.

Contenido

Prefacio ix

Capítulo 1: Introducción 1

Capítulo 2: La mentalidad para el éxito Suzuki 11

Capítulo 3: ¿Cuál es la cara del éxito? 19

Capítulo 4: Estar presente 39

Capítulo 5: Practicar a diario 59

Capítulo 6: Escuchar buena música 75

Capítulo 7: Crear un ambiente musical positivo 89

Capítulo 8: Ser parte de tu comunidad Suzuki 105

Capítulo 9: Enfoque en la maestría 121

Capítulo 10: Concentrarse en la visión general 135

Capítulo 11: Consideraciones finales 147

Recursos útiles 149

Agradecimientos 151

Acerca de la autora 153

Fuentes 155

Descargo de responsabilidad

Este trabajo representa la visión de su autora y no necesariamente la visión de la Asociación Suzuki Internacional (ISA, por sus siglas en inglés) o sus asociaciones regionales. Estos materiales no pretenden reemplazar la capacitación autorizada para profesores del Método Suzuki®, ni el estudio con un profesor Suzuki calificado.

El nombre Suzuki® es una marca registrada de la ISA y se usa bajo licencia.

Prefacio

Más allá de la Clase de Música es una discusión sobre cómo desarrollar los hábitos y la mentalidad para tener éxito una vez que se haya comprometido con las clases Suzuki.

Si todavía está tratando de decidir si este método es para usted y está en busca de información detallada sobre qué es el método Suzuki, existen algunas buenas fuentes que puede leer. Recomiendo empezar con *"Educados con amor"* de Shinichi Suzuki y visitar la página www.SuzukiAssociation.org para aprender más sobre el método y cómo empezó.

Este libro se escribió para abordar los aspectos más prácticos y del día a día del método Suzuki. ¿Qué se necesita para tener éxito, más allá de asistir a clases?

¿Cómo se logra que el método funcione en nuestro diario vivir? ¿Cuál es la mentalidad o el abordaje que las familias exitosas adoptan para hacer que a ellos les funcionen?

Recibo varias llamadas sobre potenciales estudiantes de violín y viola de parte de padres de familia que solicitan más información. Algunos me dicen: "Mi niño parece estar interesado en la música (o el violín) y quisiéramos probar para ver si le gusta".

Existen muchas actividades apropiadas para que nuestros niños prueben y para darnos una buena idea de cuáles son sus intereses. Como madre, entiendo este abordaje completamente. A menudo inscribimos a nuestros hijos en muchos distintos tipos de actividades para que descubran un gran variedad de cosas y así ver cuáles disfrutan.

Sin embargo, una advertencia.

Recibir clases Suzuki no es así. Precisamente la premisa

del método y el secreto de su éxito, es que su hijo aprenderá un instrumento del mismo modo que un niño pequeño aprende un idioma. Necesitan estar inmersos en escucharlo, ver a otros hacerlo y practicar a diario – luego, aprenderán gradualmente a "hablar" ellos mismos el idioma.

Imagina que quieres que tu hijo sea bilingüe. ¿Qué clase de compromiso requeriría? Sin lugar a dudas sería distinto a exponerlo a clases de gimnasia. El método Suzuki se trata de sumergir a nuestros niños en la música, no de exponerlos a ella.

Para hacerlo, no tienes que comprometerte a que tu hijo tocará su instrumento hasta que tengan treinta años. Nunca sabemos lo que nuestros hijos estarán haciendo en veinte años. Sin embargo, solo "probar" las clases de música reduce las probabilidades de seguir tocando un instrumento más allá de un tiempo corto.

Las investigaciones muestran que cuando los estudiantes empiezan las clases con un compromiso a largo plazo, su habilidad para tocar el instrumento años después es dramáticamente mayor que aquellos que empezaron con un compromiso a corto plazo en mente.

¿Cómo es posible? Me atrevería a afirmar que un compromiso a corto plazo no es suficiente para motivarnos a adoptar los hábitos y la mentalidad que llevan al éxito y de los que se habla en este libro.

Como verás, hay muchos aspectos para hacer que este método funcione. Requiere de un enfoque de aprendizaje global, más que tantear el terreno para probar.

Antes de que hablemos sobre todas las otras piezas de este proceso, este es un concepto muy amplio para asimilar como padres: ¿Queremos que nuestros hijos aprendan a tocar un instrumento en la medida de sus capacidades?

Prefacio

¿Queremos que hagan y aprecien música hermosa? ¿Queremos que nuestros hijos desarrollen cualidades de carácter que les ayudarán a tener éxito más adelante en la vida, cualquiera que sea lo que elijan hacer?

Si la respuesta es sí, entonces vale la pena comprometerse con este proceso. Cualquiera que sea el camino que tu hijo tome con la música y con su vida, lo que aprenda en su tiempo como estudiante Suzuki (y lo que nosotros aprendemos como padres de familia apoyándolos) le será muy útil.

¡Comprométete a ver esto como un proceso a largo plazo y ya estarás tomando el primer paso para ayudarle a tu hijo o hija a tener éxito!

Introducción

El método Suzuki es una forma de enseñar y aprender música desarrollada por Shinichi Suzuki en Japón, después de la Segunda Guerra Mundial. Él observó y estudió cómo aprendían los niños pequeños su lengua materna y aplicó lo que observó para ayudarles a los niños a aprender música mejor, inicialmente con el violín. Suzuki enfatizó conceptos como: crear un ambiente para los niños donde están rodeados de música hermosa; tratar y enseñarle a cada niño como si pudieran aprender a tocar (en vez de estar evaluando su aptitud, que era una práctica estándar de la época); y tocar música que ya se ha aprendido, al punto de convertirse en reflejo automático y poder tocarla con facilidad (muy similar a como los niños aprenden una palabra y la siguen usando una y otra vez hasta que se convierte en parte de su vocabulario).

En mi experiencia, el método Suzuki se basa en la técnica. Enseña que el desarrollo del carácter es al menos tan importante como el desarrollo de las destrezas musicales. Una percepción errónea puede ser que los profesores Suzuki no les enseñan a sus estudiantes a leer música, pero eso no es cierto de ningún profesor Suzuki bien capacitado y moderno que yo conozca. Muchos de los músicos de orquesta de nuestro país, así como muchos solistas, empezaron su entrenamiento con el método Suzuki. Me gusta pensar que es un método que desarrolla al niño como un todo – no sólo unas cuantas destrezas que un niño sabe.

Yo fui una estudiante Suzuki, que empezó sus clases a la edad de dos años y medio. Hay partes de ser exitoso en el método Suzuki que doy por sentadas, porque nunca he conocido otra cosa. Como profesora, sin embargo, a menudo me recuerdan que hay muchas partes de lo que hace que este método funcione que son ideas nuevas para las familias con las que trabajo. Algunas de ellas deben cambiar la forma en que una familia planifica su día o cómo interactúan al trabajar entre ellos frente a frente. Como profesora, es mi trabajo explicar cómo las familias pueden ayudar a su hijo a ser exitoso al estudiar su instrumento, mediante pequeños cambios en el día a día y al cambiar su mentalidad acerca de su papel en el proceso.

Como madre Suzuki, yo misma luché con todo esto. Es por eso que quiero hacer todo lo que pueda para facilitárselo a las familias con las que trabajo. Eso hizo que pasara los últimos dieciocho años aprendiendo todo lo posible acerca de qué es lo que hace que unas familias tengan éxito en vez de dificultades. Entre más aprendo sobre este tema, más puedo ayudarles a las familias en mi estudio. Estoy emocionada de compartir en este libro algunas de las cosas que he aprendido.

Entre más tiempo enseño el método Suzuki, más énfasis pongo en la educación de los padres o en ayudarle a los padres a entender el proceso de ayudar a sus hijos a tener éxito. Aprender un instrumento es difícil. Sin la información y las expectativas correctas, muchas personas tienen dificultades o hasta se rinden. Ese no es el desenlace que quiero como

Introducción

profesora. Cuando le digo a otros cuál es mi profesión, la respuesta más común que recibo es: "Ay, yo tocaba un instrumento cuando era niño... En verdad desearía que mis padres no me hubieran dejado renunciar". ¡Qué triste! Y sin embargo, algunas familias realmente tienen dificultades, por lo que es fácil ver por qué esto ocurre.

Lo ideal es que una familia que empieza en clases tenga muchos recursos sobre cómo hacer que las clases y las prácticas funcionen de la mejor forma para su familia. Libros como este ofrecen mucha información útil sobre cómo tener éxito antes de que las clases siquiera empiecen. Es mucho más fácil empezar con el pie derecho que desarrollar malos hábitos y darse por vencido.

Si ya empezaron sus clases, por favor no esperes hasta estar en un punto crítico para seguir aprendiendo más sobre cómo ayudarle a tu hijo a tener éxito. Sigue aprendiendo a todo lo largo del camino sobre cómo ayudarle a tu hijo o hija a tener éxito.

Cualquiera que sea el punto donde se encuentren –ya sea que apenas empiezan o simplemente están en busca de nuevas ideas – espero que esta sea una fuente de información útil y alentadora.

Dificultades de la vida real

Escucho muchos problemas de familias con dificultades: ¿Cómo mantenemos a los estudiantes comprometidos con aprender música? ¿Cómo hacemos que la realidad de la práctica diaria sea menos como una tarea? ¿Cómo mantenemos a los estudiantes motivados? ¿Cómo mantenemos a los padres comprometidos? ¿Cómo mantenemos involucradas a las familias y cómo les ayudamos a entender que todo ese tiempo, el esfuerzo y el sacrificio valen la pena? ¿Cómo hacemos que la práctica y las cosas difíciles sean más fáciles para los niños y lo menos dolorosas posible para los padres?

Aprender a tocar un instrumento, especialmente mediante el método Suzuki, tiene muchas recompensas. Más allá de dominar un instrumento musical, la música le enseña a los estudiantes disciplina, trabajo duro y perseverancia y desarrolla quiénes son como personas. Su trabajo como padre o madre Suzuki es una parte importante de este proceso. ¡Sin duda vale la pena el esfuerzo!

Cómo empecé con este tema

En los últimos años, he repensado cómo preparo a los padres y madres para ayudar a su estudiante a tener éxito. ¿Cómo les explico mejor todo aquello que implica hacer que esto funcione en sus vidas diarias? Hace algunos años tuve una verdadera llamada de atención cuando supe que algunas familias con las que trabajaba se sorprendieron con mis expectativas a los pocos años de trabajar juntos. Sentí que les había explicado la importancia de la práctica, de escuchar, de las clases grupales y de todas las otras partes que hacen que este método funcione, pero me di cuenta de que estaba suponiendo muchas cosas acerca de lo que los padres ya sabían y creían. Estaba dándoles información a cuentagotas sobre cómo tener éxito, pero mi abordaje no era lo suficientemente directo para ayudarle a los papás o mamás con quienes trabajaba a comprender la importancia de lo que les decía.

Esta experiencia me hizo examinar mi proceso para presentarles mis expectativas a las nuevas familias y, aún más importante, lo que hace que este proceso funcione para todos. Quería encontrar información para compartir que fuera más allá de mis propias instrucciones – información que suministre las mejores prácticas de aquellos que han hecho que esto funcione para sus propios hijos o estudiantes. Es poderoso escuchar a otras familias, profesores y expertos expresar lo que les ayudó (o a las familias con las que trabajaron) a tener éxito.

Salí en busca de la mentalidad que podía ayudarle a las familias a desarrollar, para así minimizar las dificultades y seguir con el proceso. ¿Qué dijeron otros profesores, expertos y las familias que fue lo que más les ayudó? ¿Qué patrones encontraría que encauzarían a las personas por el camino correcto? ¿Cómo les ayudo a desarrollar las herramientas que necesitan, cuando se hace evidente que es trabajo duro y un proceso largo? Y, sobre todo, ¿cómo les ayudo a entender la visión general, para que entiendan por qué aprender a tocar un instrumento vale todo este esfuerzo?

MI HISTORIA

Primero, compartiré parte de mi historia.

Mi interés en ayudarles a padres y madres Suzuki a tener éxito, viene en parte de que me considero algo así como un fracaso como madre Suzuki. Tuve a mis hijos cuando estaba en la universidad, por lo que fui una madre joven. Es más, apenas empezaba como profesora Suzuki cuando mi hija mayor tenía cuatro años, y empezamos clases de violín juntas. Yo era su madre de familia para la práctica y su profesora. Algunas personas logran que esto funcione a la perfección, pero no fue así para nosotras.

No estoy segura de que exista una forma de describir con precisión la lucha entre una niña de cuatro años, voluntariosa y obstinada, y una madre/profesora inexperta e idealista. ¡Tuvimos dificultades! Hubo algunos enfrentamientos épicos, en los que prácticamente se podía *ver* el duelo ocurriendo como en una vieja película del oeste, con las plantas rodadoras dando vueltas por ahí, mientras permanecíamos en suspenso preguntándonos quién ganaría la batalla esta vez. Quería hacerlo "perfecto" y ella quería evitar lo difícil que parecía y, muy probablemente, la presión que percibía de mí.

Ahora se ve como una historia graciosa, porque esa hija tiene veinte años y usa sus medios empeñosos (que ella misma reconoce) para trabajar por conseguir metas productivas, tales como graduarse de la universidad un año antes, lo que está previsto que haga este año. Como madre de familia, he aprendido a elegir las batallas y cómo concentrarme en los resultados que deseo a largo plazo, en lugar de concentrarme en que las pequeñas cosas se hagan de cierta forma. Nuestros días de duelos en la práctica quedaron atrás y su historia musical también resultó bien al final.

Esta hija pasó sus años de escuela como músico. Luego de un intento conmigo no muy exitoso con el violín Suzuki, estudió cello por un tiempo con un miembro de la Sinfónica de Oregón y luego la flauta, que tocó en la banda durante la mayor parte de la secundaria.

A mediados de la secundaria, encontró su verdadero amor musical: cantar. En concreto, teatro musical. Pasó sus días de secundaria cantando y bailando en el escenario de su colegio. Su hermana siguió un camino muy similar, sin la flauta, y ahora continúa haciendo teatro musical en el colegio.

Mis dos hijas aman la música. Siguieron practicándola durante la secundaria y siempre la valorarán como una parte

Introducción

de sus vidas. En verdad, la nuestra es una historia de éxito. Crié a dos músicas: las que entienden el trabajo duro, la disciplina, la cooperación con otros y un amor por la música. Pero, aún deseo a menudo poder regresar a esos primeros años de practicar juntas sabiendo lo que sé hoy. Creo que nos habría sido más fácil. Nos entenderíamos mejor. Sé que me sentiría mucho más segura de mí misma con lo que estaba haciendo. A menudo me pregunto si mis hijas habrían seguido con el violín si yo hubiese podido ser una mejor madre Suzuki.

Y aunque deseo que hubiese sido distinto para nosotras, a través de nuestras batallas he desarrollado una pasión por ayudarles a otros padres a evitar nuestros errores y a ser más exitosos. Ayudarle a familias Suzuki a concentrarse en trabajar juntos bien, sin darse por vencidos, se ha convertido en mi pasión.

Si estás teniendo dificultades para practicar con tu hijo, no estás solo. Si pudiera regresar y decirle algo a aquella madre idealista y frustrada que era, le diría: "Habla con otros papás para que sepas que no estás sola. Lee todo lo que puedas sobre el tema, busca juegos para practicar e ideas en línea (si en aquel momento hubiese existido Pinterest, habría sido un material didáctico increíble). Recuerda concentrarte en la clase de ser humano que estás criando en vez de atascarte en querer que todo se haga perfecto. Todo va a estar bien".

Entre más enseño e investigo este tema, más capacitada me siento para ayudarles a los padres y madres con los que trabajo a que hagan lo mismo. Sé que si regresara ahora y empezara de nuevo con mis propias hijas, podríamos hacer que funcionara mucho más fácilmente. Creo que eso se debe, en parte, a que podría manejar mejor todas las tareas pendientes y todas las emociones fuertes, pero, sobre todo, porque lo que he aprendido en el camino tiene mucho más que ver con concentrarse en *quién ser* en vez de *qué hacer*.

He aprendido que ser alguien que prioriza la música, que valora la maestría, que escucha música de grandes compositores y que es parte de su comunidad musical, es un abordaje mucho más útil que intentar completar una gran lista de tareas. Sí, siempre hay cosas por hacer, sólo nos engañamos si fingimos que no las hay. Pero en quién nos estamos convirtiendo es lo primero y, si no se hacen algunas de las tareas pendientes, igual seguimos hacia delante, porque nuestra meta verdadera es aquel en quién queremos convertirnos.

Esto no solo aplica a las clases de música y al método Suzuki. El que elijo ser como padre, quienes elegimos ser como familia y en los que trato que mis hijos lleguen a convertirse (en primer lugar, teniendo como punto de partida quiénes son) es lo que permite el éxito.

Me doy cuenta de que al trabajar con mis propias hijas me debería haber enfocado en quiénes estábamos tratando de ser y no enredarnos en todas las tareas que se sentían intimidantes y abrumadoras. Espero que a través de las entrevistas, la investigación y las historias personales en este libro, sientan que lo mismo ocurre en sus casos.

Por qué este mensaje debe hacerse oír

Tengo muchas conversaciones con otros profesores, tanto en persona como en línea. A menudo hablamos sobre cuáles libros les pedimos a los padres que lean para aprender más acerca del método. Por supuesto, muchos profesores le piden a las familias que lean *Educados con amor* del Dr.

Introducción

Suzuki, pero ¿qué sigue después? ¿Cuál material didáctico brinda una buena imagen de cómo el método Suzuki luce hoy, aquí y ahora, y en nuestras propias vidas? Hay muchas opiniones distintas en cuanto a esa pregunta, pero aún no he escuchado consenso alguno. Unos libros son buenos para técnica y otros brindan buenas apreciaciones sobre parte del proceso. Pero cuál material pedagógico aborda la pregunta, "¿Cómo luce el método Suzuki en la época moderna, en nuestra vida actual?". Eso es lo que he estado buscando.

Ya que no he encontrado ninguno que me proporcione eso, durante los últimos años he escrito mi propio conjunto de materiales educativos para las familias de mi estudio. Intento responder las preguntas antes de que surjan; sobre la práctica, el ambiente que creamos para que nuestros hijos *practiquen en él*, por qué es importante tocar en un grupo o con otras personas, por qué la repetición y el repaso van a ser una gran parte de nuestro trabajo juntos, más otros temas similares.

Al repartir materiales como estos, más detallados, he visto un cambio dramático en la manera en que nuevas familias abordan las clases y cuán exitosas son para navegar por el proceso, desde principiantes hasta más allá. Este libro combina esos materiales con entrevistas e historias de éxito, para ayudar a responder la pregunta: "¿Cómo hacemos para que el método Suzuki funcione hoy para nuestra familia?".

Espero que los profesores encuentren en este libro un recurso útil para compartir con las familias en sus estudios y sobre todo, espero que a padres y madres les resulte motivador y útil para establecer hábitos Suzuki exitosos en sus hogares.

Invitación especial: *Si este libro te resulta útil y te gustaría unirte a una comunidad de familias y profesores Suzuki que hablan sobre estos temas a profundidad, únete a nosotros en la comunidad Suzuki Triangle (Triángulo Suzuki) en Facebook. Nos encantaría que te sumes a la conversación y que te sientas apoyado.*

La mentalidad para el éxito Suzuki

El método Suzuki es tan increíble que podría llenar todo este libro con historias de estudiantes, profesores y familias que pueden dar fe del hecho de que sus vidas han cambiado para bien, gracias a la manera en que este método los ha impactado de formas musicales y no musicales por igual.

Músicos de orquestas profesionales y varios solistas reconocidos (Rachel Barton Pine, Ray Chen y Brian Lewis, por nombrar algunos) tuvieron sus inicios con el método Suzuki, así que hay pruebas de que funciona para criar tanto músicos profesionales como excelentes adultos que se dedican a otras carreras.

Padres y madres Suzuki: Todo el esfuerzo y trabajo duro que le dedican a esto vale la pena. Cada semana recibirás muchas tareas para ejercer como padre de un estudiante Suzuki – practicar todos los días, asistir a clases individuales y de grupo, escuchar las grabaciones a diario y asistir a recitales y presentaciones. Tu profesora les preguntará cosas como, "¿Escucharon la música esta semana?" o "¿Cuántos días practicaron?" o "¿Pueden asistir a XYZ evento/clase/taller?". Nuestras vidas ya de por sí son atareadas y esta puede parecer una lista inmensa de cosas que hacer.

Pero quisiera decirles a todos los padres y madres de familia que están leyendo esto, que en realidad no se trata de todo eso – lo más importante no es lo que tu hijo haga hoy. Dentro de diez años, el hecho de que tu hijo practicara un lunes cualquiera en julio no es un acontecimiento que le haya cambiado la vida. Pero en quién se ha convertido tu hijo por haber practicado a diario *sí lo es*. Este proceso es más que una lista de cosas por hacer –es acerca de quiénes queremos que lleguen a ser nuestros hijos al criarlos así.

Dentro de diez años, el hecho de que tu hijo tenga tanto la autodisciplina para hacer lo que debe hacerse, como la gracia de saber por ellos mismos que no todos los días van a ser exactamente ideales - ¡ahora, eso sí es transformador!

Dentro de diez años, cuando tu hijo se enfrente a un obstáculo importante o a una meta en su vida y sepa que puede tener éxito si tan solo lo divide en partes pequeñas y trabaja en una cosa a la vez – esa es una habilidad que los distingue de los demás.

Cuando se les pregunta qué aprendieron del método Suzuki, estudiantes Suzuki adultos no suelen responder con el nombre de piezas o con una lista de técnicas musicales; más bien enumeran rasgos de carácter: disciplina, amor por la música, la habilidad de dividir problemas grandes en partes pequeñas, perseverancia.

Esta es la labor transformadora que en realidad hacemos cuando practicamos formas de sostener el arco, cuando asistimos a festivales y practicamos esas piezas de repaso una vez más. Como padres y profesores, concentrémonos en lo que es importante:

Practicar todos los días: Sí, por aquel en quién nos

convertimos al hacerlo (no porque cada día todo se hizo a la perfección).

Escuchar nuestra música: Sí, porque aprendemos que cuando debemos aprender algo, podemos sumergirnos en el conocimiento de aquellos que ya lo aprendieron y obtener una idea clara de hacia dónde iremos. Esto sin mencionar que aprenderemos a valorar la música hermosa.

Asistir a eventos dentro de la comunidad Suzuki (como clases de grupo/talleres/ festivales/campamentos): Sí, pero no porque la profesora lo exige o porque es lo que hay que hacer, sino porque aprendemos sobre comunidad, cooperación y pasamos tiempo con personas inspiradoras de las que podemos aprender en todas las facetas de nuestras vidas.

No te preocupes de si estás haciéndolo todo perfecto. No te preocupes si tu hijo va a su propio ritmo. No te preocupes de que la práctica de hoy fue corta y solo pudieron ver parte de lo que debían practicar. Lo importante no es lo que practiquen hoy – es lo que hagan con el tiempo, teniendo una visión más general en mente.

Date una palmadita en la espalda y siéntete orgulloso de que sacaron el instrumento, de que no se han dado por vencidos, de que se están presentando y están convirtiendo esto en parte de sus vidas. Estás criando un futuro adulto que se beneficiará de todo esto en formas que quizás no se vean antes de mucho tiempo. ¡Bien vale la pena!

Suzuki no es algo que simplemente *hacemos*. Debe darse un importante cambio de mentalidad para que funcione bien. Suzuki es muy distinto a otras actividades – fútbol, natación, club de ajedrez. Todas estas actividades se pueden hacer con solo llegar y trabajar para mejorar las destrezas.

Aprender música a través del método Suzuki (especialmente en el lado de la ecuación donde están los padres de familia) requiere una mentalidad distinta. Tenemos que estar abiertos a cambiar como padres. A veces eso significa dejar atrás la forma como nos criaron o nuestra reacción automática bajo estrés. En este método los padres e hijos trabajan de forma muy cercana, lo que exige tener maneras sanas de lidiar con conflictos. Si te sientes inseguro de poder hacer esto, no te preocupes – aprenderás a hacerlo sobre la marcha.

Justo esta semana, la madre de uno de mis estudiantes de tres años llegó a clases y dijo, "las clases Suzuki me están haciendo una mejor madre de familia"! Todo trabaja en conjunto.

Busca cómo entender por lo que pasa tu hijo (aunque pienses que no tiene ningún sentido lógico) y empieza a trabajar con él a partir de ahí. Creo que tenemos que tratar a nuestros estudiantes y a nuestros hijos con respeto si queremos trabajar bien juntos. Al sentir eso de parte nuestra, a menudo están más dispuestos a trabajar con nosotros en vez de pelear con nosotros.

Pensar a largo plazo

Otro cambio de mentalidad es avanzar hacia el pensamiento a largo plazo. Aprender a tocar un instrumento no es una actividad que se pueda probar por un mes, decidir si es divertida y placentera, y luego dejar que esa sea su guía para decidir si continúan.

Recuerda que estamos aprendiendo sobre la música de manera muy similar a como los niños aprenden un idioma – tener éxito al hacerlo es divertido y emocionante, pero conlleva mucha prueba y error y muchísima práctica. No todos los momentos serán divertidos, pero si damos un paso atrás y vemos hasta dónde hemos llegado y si empezamos a tocar piezas y a tocar con otros, entonces realmente puede ser divertido. Solo tenemos que ver nuestro progreso desde una perspectiva a largo plazo.

Daniel Coyle describe un ejemplo sorprendente de esto en su libro *Las claves del talento*.[1] El libro describe en detalle un estudio de Gary McPherson de 1997, quien siguió a un grupo grande de estudiantes desde que empezaron clases alrededor de los siete u ocho años hasta la secundaria. Quería estudiar la razón por la cuál algunos estudiantes eran exitosos con su instrumento y por qué otros no. Obtuvo algunos resultados sorprendentes. No había ninguna diferencia clara entre los estudiantes al estudiar sus hábitos del día a día, pero las encontró cuando repasó las preguntas que les había hecho a los estudiantes al comienzo de las clases. Los estudiantes que habían adquirido un compromiso a largo plazo en el estudio del instrumento (frente a compromisos de corto o mediano plazo), tenían una grandísima ventaja.

En su libro, Coyle cita a McPherson diciendo lo siguiente sobre los resultados: "No podía creer lo que veía. El progreso no estaba determinado por ninguna aptitud o rasgo cuantificable, sino por una diminuta idea poderosa que el niño tuvo antes de siquiera empezar las clases. Las diferencias eran asombrosas. Con la misma cantidad de práctica, el grupo con el compromiso a largo plazo superó en 400 por ciento al grupo comprometido a corto plazo."[2]

Como padre Suzuki –especialmente de un niño muy pequeño- estás definiendo la expectativa con tu hijo de cuánto tiempo tocarán el instrumento. Si tienes un compromiso a largo plazo con el proceso, esto tiene un impacto inmenso en el nivel de compromiso de tu hijo y con su éxito en el futuro.

Aquellos padres o madres que solo quieren "probar unas clases" para ver si a su hijo le parece divertido; o aquellos que le preguntan a su hijo si quiere renunciar apenas las cosas se ponen difíciles, le están transmitiendo a sus hijos que para su familia este es un compromiso a corto plazo.

Las clases de música son un gran emprendimiento (que además vale la pena). Los instaría a embarcarse en este proceso con un compromiso de seguir adelante a largo plazo para tener mayores posibilidades de éxito. Por supuesto, algún día tu hijo puede cambiar de instrumento o puede llegar a desarrollar otros intereses que hagan que en algún punto sea difícil continuar. Esa es la realidad para algunos estudiantes, sin importar lo que hagamos, pero definir la expectativa de que estamos estudiando música a largo plazo le da una ventaja a tu hijo. Adoptar esta mentalidad desde el principio –o cambiar de marcha ahora mismo y cambiar el lenguaje que usas sobre el compromiso actual de tu familia– es una gran idea.

Desarrollar la maestría

Otra parte importante de la mentalidad necesaria para una experiencia Suzuki exitosa es concentrarse en desarrollar maestría. Hay algo muy emocionante de aprender música nueva – y a veces podemos confundir aprender una pieza nueva de música con avanzar en el instrumento.

Sin embargo, en la música y en especial en el método Suzuki, la maestría y tocar con o habilidad artística son jueces más importantes del éxito que cualquier pieza que se pueda tocar. Lo más importante no es cuántas piezas se saben, sino cuán bien se las saben.

¿Pueden tocar sus piezas con una forma maravillosa de sostener el arco? ¿Con un tono hermoso? ¿Las piezas que han aprendido, están bien grabadas en su memoria de manera tal que pueden volver a ellas y dominarlas aún más (repaso)? Es importante saber desde el principio que la maestría es una de nuestras metas. De lo contrario, el progreso se puede sentir lento y podemos sentirnos impacientes por pasar a algo nuevo demasiado pronto.

No se apresuren – los buenos profesores se toman el tiempo y se aseguran de que los estudiantes estén tocando con solidez. A veces, como padre o madre de familia, no está claro lo que debe ocurrir para dominar una pieza. Como profesora, siempre estoy abierta a la pregunta, "¿Qué debemos mejorar para poder avanzar a la siguiente pieza?".

Los profesores buscan un cierto nivel de maestría en cada pieza de música, manteniendo en mente la visión general. Como profesores, sabemos que si avanzamos demasiado pronto, el estudiante va a tener dificultades con lo que sigue en nuestro siguiente conjunto de piezas.

Mantener en mente las metas de mayor alcance

Las familias Suzuki exitosas se plantean importantes preguntas que ayudan a mantener el objetivo final en mente. Preguntas como: ¿Qué características queremos enseñar para que nuestros hijos las tengan conforme crecen? ¿Cómo trabajaremos con quienes ellos son para ayudarles a desarrollar la mejor versión de sí mismos?

Esta amplitud de miras para mí, es mucho más importante que si mis estudiantes o hijos se convierten en músicos profesionales ni cuán avanzados músicos pueden llegar a ser. Todos queremos que nuestros estudiantes e hijos busquen la excelencia. No estoy sugiriendo *dejar* de apuntar hacia eso. Pero quiénes nos convertimos en el proceso es lo que realmente cuenta.

Cuando enfatizamos la práctica diaria, nuestros hijos aprenden que ser aplicados y persistentes hace que su habilidad crezca.

Cuando enfatizamos el escuchar las grabaciones Suzuki, nuestros hijos aprenden a buscar a aquellos que ya han dominado lo que ellos se están esforzando por aprender —algo que les servirá de mucho sin importar las destrezas que quieran adquirir más adelante en la vida.

Cuando enfatizamos dar nuestro mejor esfuerzo y ponernos metas, nuestros hijos aprenden cómo esto les ayuda a seguir adelante y alcanzar el éxito en la medida de sus posibilidades. Esto les servirá de mucho con cualquier meta que tengan en el futuro —personal o profesional.

Por esto, adoptar desde el inicio la mentalidad de las familias Suzuki exitosas es una buena idea. Por esto vale la pena seguir adelante aún cuando las cosas no sean fáciles.

Por esto, nos hace bien dar un paso atrás y ver el por qué estamos aprendiendo música. ¿Qué queremos ver desarrollado en nuestros hijos cuando estén en la secundaria y más allá? ¿Cómo les ayudará a lograrlo su experiencia de aprendizaje con su instrumento? Nuestra mentalidad como profesores y padres hará que esto sea posible.

El método Suzuki es mucho más que una lista de cosas que hacer para aprender a tocar un instrumento; también tiene que ver con quién estamos criando nuestros hijos para llegar a ser.

¿Cuál es el rostro del éxito?

"Las familias exitosas trabajan felices juntas; encuentran alegría en el proceso. Aman la experiencia y avanzan a un ritmo cómodo. Y encuentran la manera de ser buenos porristas para su hijos".

—Sharon Jones

Ahora que ya cubrimos los tipos de mentalidad que ayudan a las familias Suzuki a tener éxito, ¿cómo definimos qué es el éxito para este método?

¿Significa acaso que un estudiante se gradúa al terminar todos los libros Suzuki? ¿Quiere decir que se convierten en músicos profesionales? ¿Significa que con su instrumento obtienen una beca para la universidad? ¿O que como adolescentes tocan en la mejor orquesta de jóvenes? Yo pensaría que todas esas cosas califican como éxito, pero también creo que el éxito es más que eso.

Muchos profesores y padres Suzuki que han criado niños Suzuki estarían de acuerdo en que es más que logros musicales, aunque esos también son importantes.

El éxito en este método también incluye seguir con algo que no resulta fácil. Incluye aprender a lidiar con emociones de no ser bueno en algo en el primer intento y a manejar la frustración. Incluye esforzarse para alcanzar su potencial y aprender seguridad a través de la práctica. Es aprender a tocar el instrumento con soltura, así como aprender a ser una persona sensible al mundo que le rodea.

Para aprender más acerca de cómo los profesores Suzuki definen el éxito, entrevisté a varios profesores expertos y de experiencia que compartieron sus ideas conmigo.

Primero, Sharon Jones, capacitadora de profesores de Educación Musical Temprana Suzuki (SECE, por sus siglas en inglés) (que también es una profesora exitosa de violín Suzuki), dijo lo siguiente acerca del éxito:

> Las familias exitosas trabajan juntas con alegría; encuentran placer en el proceso. Aman la experiencia y avanzan a un ritmo cómodo.
>
> Encuentran la forma de ser buenos porristas para sus hijos. Siempre tengo la imagen del rostro de un padre o madre de familia —cabeza en alto- con una enorme sonrisa en el rostro mientras ven a su hijo en una clase grupal.
>
> Los niños vuelven a ver (mientras tocan en la clase de grupo) y ven que sus padres los están mirando en lugar de ver las cabezas de sus padres inclinadas terminando algún trabajo o viendo sus teléfonos, como muchos de nosotros estamos tentados a hacer.

¿Cuál es el rostro del éxito?

No nos debemos auto convencer de que los niños no ven esto como desatención. Los padres realmente tienen una oportunidad breve para involucrarse. Después de todo, no vamos con ellos a la escuela y demás.

Se me viene a la mente uno de mis estudiantes en particular, muy exitoso con el instrumento. Actualmente toca profesionalmente en una orquesta importante. Quizás no siempre practicó mucho todos los santos días durante esos primeros años, pero algo que tenía y que podemos señalar es esto: una mamá que era una gran porrista. Creo que las familias más exitosas tienen esto. No siempre son las familias que practican más o tienen otras ventajas las que logran ser más exitosas, pero no hay duda de que esta es una cosa que las hace destacar.

El éxito también significa resistir durante los años de escuela media y todo lo que hace que los niños paren [clases]. Es cómo nos enfoquemos en el vínculo entre padre o madre e hijo. La SECE (Educación Musical Temprana Suzuki) hace una buena labor de proporcionar oportunidades para que este vínculo se desarrolle, de forma fuerte pero relajada, durante meses y años.

¿Qué significado tiene eso para ti?

Creo que la descripción de Sharon Jones de las familias que trabajan felices juntas y encuentran alegría en el proceso, es una afirmación muy importante y sumamente precisa. A veces esto les resulta fácil a las familias y otras veces no. Aquellos que aprenden cómo trabajar bien juntos y disfrutar el proceso, tienen éxito —en el instrumento y en todas las otras formas que definimos en este libro.

¿Cómo aprendemos a trabajar juntos y disfrutar el proceso? ¿Cómo ayudamos a nuestros hijos a ser exitosos con su instrumento? Los siguientes capítulos de este libro tratarán de ello.

También tuve el privilegio de entrevistar a la profesora de violín, Ronda Cole, acerca de su visión de éxito:

> Suzuki nos dijo que primero desarrollemos el carácter. ¡Eso es el éxito!
>
> Siempre tengo una visión para mis estudiantes. Los visualizo tocando el Concierto de Tchaikovsky, con expresividad y aplomo, seguridad y un amor por el sonido, la expresión y la facilidad. Tengo fe en esta visión aunque este niño quizás se esté chupando el dedo y sentándose debajo de mi piano porque Mamá dejó su osito de peluche en el carro. Rara vez rebajo mis expectativas musicales, pero sí soy flexible con el ritmo esperado mientras veo cómo el niño aprende conforme madura.
>
> Los niños aprenden mejor cuando saben que se les respeta, cuando las personas en sus vidas

¿Cuál es el rostro del éxito?

se emocionan de ver la forma hermosa en que aprenden. Amo más a mis estudiantes cuando veo la lucha valiente hacia el siguiente logro. Les pregunto, "¿Tu cerebro está sudando? ¿Sí? Bien por ti. ¡Sabía que resistirías hasta lograrlo!".

Por supuesto que aprender es mejor y más fácil cuando hay un interés real. Me esfuerzo por encender su mentalidad al decir, "¿No es interesante que..." o "¿Qué piensas?".

Me parece que los estudiantes que llegan a ser los músicos más expresivos son aquellos que pueden identificar sus emociones e imaginar escenarios múltiples para apoyar la música que tocan.

Me gusta sentir que estoy ayudando a desarrollar el tipo de persona que, como adulto, me gustaría tener como amigo por todos los años venideros. Soy consciente de hablarles a mis estudiantes de una manera que fomente su auto respeto. Quiero que se vean a sí mismos con recursos, como una persona cuya alegría está en apoyar a otros, que pueden hablar con otros de una manera que contribuya, o frente a un salón lleno de gente, sin juzgarse a sí mismos ni sentir temor. En algún punto de sus vidas descubrirán que las personas, a pesar de diferencias externas, son más parecidas que diferentes.

También quiero que desarrollen la bondad; seguridad; mentes rápidas y retentivas; estudiantes que se responsabilizan, escuchan instrucciones y las siguen, o que se sienten cómodos preguntando si no entienden.

Los estudiantes exitosos apoyan a los otros y saben que todos van por su propio camino trabajando con su propia frontera (en lugar de compararse). Todo esto se expande en una vida hermosa. Suzuki dijo que el propósito es hacer un corazón hermoso. Se requiere de un pueblo entero para lograrlo: incluyendo profesores y padres.

Como puedes ver de estos comentarios, el éxito en este método va mucho más allá de solo las destrezas con el instrumento. Significa que los estudiantes no se rinden al sentir que están aprendiendo a un ritmo más lento que sus compañeros. Significa convertirse en un líder en el estudio y ayudar a orientar a los estudiantes más jóvenes. Es aprender la disciplina de trabajar un poco todos los días para sobresalir en algo. El éxito es aprender a concentrarse profundamente. Es aprender a practicar y a tocar con soltura.

Si tengo estudiantes que han aprendido estas cosas, considero que mi trabajo ha sido un éxito. No se trata solo del instrumento. También se trata de en quién nos convertimos cuando aprendemos a tocar ese instrumento.

Alan Duncan de *The Suzuki Experience* (*La experiencia Suzuki*), padre Suzuki y bloguero, lo dijo muy bien:

> Creo que todo está atado en una conexión entre competencia técnica, maestría musical y carácter. Hay muchos caminos hacia la excelencia técnica, pero no todos construyen una actitud alegre, positiva y generosa. ¿Tengo un niño que está creciendo musicalmente, que escucha con

¿Cuál es el rostro del éxito?

avidez, enfrenta la práctica con alegría (por lo general) y entiende profundamente, por haberlo hecho miles de veces? **¿Que sabe cómo abordar un reto nuevo dividiéndolo en pasos más pequeños y manejables? ¿Tengo un niño que de verdad disfruta de la música por sí misma? Si sí, entonces esa es una experiencia Suzuki exitosa.**[3]

El método Suzuki no solo se trata de desarrollar músicos profesionales. Ese no era el objetivo principal de Suzuki. Este método trata de algo más grande que eso. En su libro, *Educar con amor*, Suzuki dice, "Solo quiero hacer buenos ciudadanos. Si un niño oye buena música desde el día de su nacimiento y aprende él mismo a tocarla, desarrolla sensibilidad, disciplina y resistencia. Él obtiene un corazón hermoso"[4].

Cuando pasamos tiempo a diario y cada semana haciendo las cosas de las que habla este libro, especialmente lo largo de varios años, no podemos evitar crecer como personas. Esto puede ser cierto con muchas disciplinas que un niño pueda emprender, pero creo que la música tiene una habilidad especial para desarrollar grandes personas junto con grandes músicos, lo que Suzuki se sintió inspirado a hacer.

Cuando me refiero a éxitos en este libro, me estoy refiriendo a todo esto, mucho más allá de las destrezas con el instrumento, aunque incluyéndolas. Sí, queremos desarrollar estudiantes y músicos jóvenes que toquen al máximo de sus capacidades, pero no solo es eso. ¿Cómo las destrezas que aprendemos se convierten en parte de la identidad de nuestros niños y estudiantes? ¿Cómo afecta quiénes son como personas?

Enfocarse en una lista de cosas "a ser" en vez de cosas "por hacer"

Ser un padre Suzuki se puede sentir como una larga lista de cosas por hacer: ir a clases, tomar apuntes, hacer las preguntas correctas, asistir a clases de grupo y recitales, asegurarse de que tu hijo tenga todos los materiales y equipo necesario, escuchar todos los días y practicar todos los días. Esa es una gran lista y lo más probable es que el profesor espere que la hagan (o su mayoría) todas las semanas. Es una lista importante, no cabe duda.

Fue esta lista abrumadora de tareas que me agobió como una joven madre y profesora y sé que así también lo pueden sentir otros padres. Quisiera sugerir que sí, todo esto tiene que darse, pero podemos cambiar la forma en que la vemos de una lista de cosas por hacer a una lista de cosas *a ser*.

Sé que cuando cambié mi forma de pensar como madre, de las cosas que mis hijos deben hacer, por en quién quiero que sean cuando crezcan y para lo cual los educo, mi forma de criar a mis hijos cambió radicalmente. Como madre, al cambiar el enfoque y alejarlo de todas las pequeñas cosas que quiero que se hagan a la perfección, se elimina mucho estrés.

Tareas que se convierten en hábitos (como cepillarse los dientes) no son estresantes ni difíciles de incorporar a nuestras vidas, porque realmente queremos el resultado que conseguiremos (ser personas con dientes y encías sanas). El objetivo final es el que nos motiva y nos lleva a hacerlo todos los días.

Lo mismo ocurre con la música. ¿Cuál es tu objetivo para aquello que deseas que tu hijo aprenda a través de la música? Ese es el elemento motivador para sacar el instru-

¿Cuál es el rostro del éxito?

mento y practicar, para escuchar las grabaciones asignadas otra vez hoy y para asistir a clase de grupo o un recital. Pensar en cada parte del proceso puede ser abrumador. Mi sugerencia es enfocarse en el objetivo a largo plazo y convertir los pequeños detalles en hábitos que sean parte de tu día.

Estén presentes, sean una familia que escucha música hermosa, comprométanse con la práctica diaria, sean parte de su comunidad Suzuki, enfóquense en la maestría y la habilidad artística, sean alentadores y concéntrense en la visión general.

Como profesora, me apasiona la idea de que si nos enfocamos en lo que queremos *ser*- como familia, padres, profesores o estudiantes- entonces, podemos crear un ambiente que les ayuda a los estudiantes a ser exitosos. Tener mucho que hacer es estresante. Tener la oportunidad de transformarse en quién queremos ser es inspirador y motivador.

¿Cómo mantenemos este énfasis como padres Suzuki, cuando hay tanto por hacer? Yo diría que requiere un gran cambio de mentalidad. Una forma completamente distinta de ver lo que hacemos. Requiere un cambio al ver las clases de música como solo una actividad más en tu calendario. Significa dejar que este proceso influya en quiénes somos.

En quince años no tendrá especial importancia si algún martes tu hijo practicó con su instrumento o escuchó su disco en un día específico en vez de otro. Pero lo que sí importará es el tipo de persona en la que este proceso lo ha convertido. ¿Quién queremos que sean nuestros hijos al criarlos? ¿En quién se convertirán cuando desarrollen disciplina, amor por aprender y seguridad? ¿Quiénes serán si hacen cosas difíciles, aún si no tienen ganas? ¿Quiénes serán si tienen padres que están presentes y batallan por comprenderlos?

Las familias Suzuki que logran el éxito tienen una mentalidad que permite la imperfección pero se enfoca en la visión general. No se quedan estancados en cada detalle, pero saben que en la música los detalles sí importan.

Hay momentos en que cada día se siente como un éxito y, otras veces, en las que el éxito no se siente para nada en las partes del día a día del proceso.

A veces pareciera que una técnica o pieza específica nos tiene atrapados y es tentador preguntarse si vale la pena continuar o si esta actividad en realidad es buena para nosotros. Pero seguir adelante en esos momentos difíciles, sin darse por vencidos, es lo que les enseña a nuestros niños algo valioso.

En mi propia práctica educativa he visto una y otra vez la sensación de logro y seguridad que viene de un niño que atraviesa por momentos difíciles o por una pieza difícil de aprender —cuando no se rinden y eventualmente llegan al otro lado, la sensación es muy gratificante.

Las dificultades y desarrollar pasión y perseverancia

Como estudiante Suzuki, este tipo de dificultad y luego eventualmente superar la dificultad, es una gran parte de lo que hace que hoy sea exitosa. No tengo la tentación de rendirme si las cosas se ponen difíciles. A veces me enfrento a problemas que parecen abrumadores en todas las áreas de la vida, pero mediante mis estudios de la música he aprendido a respirar profundo, dar un paso atrás y ver una parte pequeña del problema en la que pueda trabajar y, luego, cómo seguir haciéndolo con paciencia hasta que se logren pequeños avances.

Un ejemplo es escribir este libro. Sabía que tenía algunas

¿Cuál es el rostro del éxito?

cosas importantes que quería decirle a las familias con las que trabajo y a la comunidad Suzuki en general. ¿Pero dónde empezar? Cuando llevaba todo un mes escribiendo, fue evidente que escribir un libro es un gran emprendimiento. Hay capas sobre capas de cosas que ni me había dado cuenta que tendría que aprender. Creo que es algo así como empezar el proceso de aprender a tocar un instrumento. A veces podemos pensar, "¡Wow! ¡Esto requiere más participación de lo que esperaba cuando decidí hacer esto!".

Pero todas las lecciones que aprendí personalmente como estudiante Suzuki, también me han apoyado durante este proceso. Entonces, si me siento un poco abrumada... después de respirar profundo y decidir que esta es una meta que vale la pena perseguir, cada vez avanzaba al encontrar una pequeña cosa que podía hacer, ya fuera para inspirarme a mí misma o para mejorar lo que estaba trabajando. A veces leía libros acerca de cómo otras personas escriben. Un equivalente en música sería asistir a un concierto en vivo o ver un músico famoso en YouTube. Tal vez leer una entrevista con un músico acerca de cuando eran estudiantes y nada era fácil o leer un blog de una profesora Suzuki que nos ayuda a sentir que no estamos solos en nuestras dificultades.

También me enfoqué en una pequeña cosa que podía mejorar o en la que podía trabajar y solo trabajar en ella, para que se hiciera más fácil. Lo mismo es cierto si se está trabajando en algo en su instrumento. Tan solo haz algo todos los días y con el tiempo empezarás a ver avances.

Un recurso genial para leer más sobre este proceso es el libro de la Dra. Angela Duckworth, *Grit (El poder la pasión y la perseverancia)*.[5] Duckworth es una investigadora de la Universidad de Pensilvania que estudia el tema de *grit*, que describe como una combinación de pasión y perseverancia.

A través de su investigación, Duckworth ha determinado que el *grit* es una de las formas más precisas para predecir el éxito, aún más que el CI, resultados de exámenes y otros factores que la gente suele suponer que equivaldrían al éxito.

La investigación de Duckworth acerca del *grit* demuestra que se puede desarrollar, en especial a través de actividades como la danza, los deportes y la música. Y no solo eso, sino que una vez que alguien llega a tener más *grit*, esa característica se traslada a otras áreas de la vida, que no sería ninguna sorpresa para quienes han desarrollado esta característica a través de clases Suzuki y pueden dar fe de todas las formas en que les ayuda en otras áreas de las vidas de los estudiantes.

Debido a sus investigaciones sobre este tema, Angela Duckworth y su esposo tienen una "Regla sobre cosas difíciles" en su casa para ayudarle a todos a desarrollar *grit*. Todos en la familia eligen al menos una cosa que cumpla ese requisito, incluidos los padres. De hecho, su familia está haciendo esto al estar involucrada con las clases Suzuki.

Así describe Duckworth el proceso en que sus hijas desarrollaron *grit* en las clases de ballet: "Y entonces fue en clases de ballet, más que en la casa, que Lucy y Amanda practicaron desarrollar un interés, practicaron diligentemente cosas que aún no podían hacer, apreciaron el propósito de sus esfuerzos que va más allá de sí mismas y cuando con el tiempo los días malos se convirtieron en buenos, adquirir la esperanza de intentar, intentar de nuevo".

Creo que esto resume muy bien el aprender algo desafiante como un instrumento musical. La práctica diligente de algo que aún no podemos hacer, mantenerse constante y con el tiempo ver el progreso que nos anima a probar el siguiente paso del proceso.

¿Cuál es el rostro del éxito?

IDEAS PRÁCTICAS QUE LLEVAN AL ÉXITO

A continuación, una reseña de los elementos prácticos que les ayudan a las familias a tener éxito. He descubierto que son necesarias para que mis estudiantes logren avances importantes mientras aprenden a tocar su instrumento.

ESTAR PRESENTE

En el método Suzuki, los padres o madres están físicamente presentes en las clases y sesiones de práctica (al menos en los primeros años). Pero aún más allá de estar presentes, estar presentes *mentalmente* e involucrados en el proceso es un factor importante para el éxito. Aquellos padres que prestan mucha atención a lo que motiva a sus hijos, cómo aprenden y cómo completar la tarea de práctica de la profesora (teniendo todo eso en mente) le dan a sus hijos una gran ventaja.

Como profesora, siempre trato de descifrar qué hará que cada estudiante siga motivado, trabaje duro y al mismo tiempo ame la música. Tú, como padre o madre, tienes la ventaja de poder ver y trabajar con tu hijo a diario y sabrás estas cosas mucho mejor que el profesor. Usa esto a tu favor para ayudar a tu hijo no sólo con su instrumento, sino también con cualquier otra cosa que desee lograr en la vida.

PRÁCTICA DIARIA

Convertir la práctica diaria en un hábito es una de las claves para progresar en cualquier instrumento musical. Por supuesto, cada día no puede ser ideal y pueden surgir cosas inesperadas que se interpongan en el camino de la práctica.

Pero trabajar una destreza cada día y luego volver a ella una y otra vez tiene algo que lo hace más fácil con el tiempo.

Muy a menudo, los estudiantes entenderán los conceptos que están aprendiendo en las clases mucho antes de que puedan hacerlos con facilidad física. A menudo hablo con mis propios alumnos sobre cómo pueden entender un concepto, pero sus músculos también necesitan practicar y aprenderlo. Esto sólo puede darse cuando los músculos tienen mucha práctica a lo largo del tiempo. Va mucho más allá de sólo entender una vez cómo hacerlo de la manera correcta.

Llegar todos los días a usar el instrumento para trabajar en una destreza una y otra vez es lo que nos da la capacidad de tocar bien nuestros instrumentos. No se hará el mismo progreso si sólo practicamos unas pocas veces a la semana. La práctica diaria es una gran parte del proceso para tener éxito.

Escuchar

Escuchar las grabaciones Suzuki y otra música de grandes compositores es otro elemento importante para el éxito. El método Suzuki está basado en la forma en que los niños aprenden su lengua materna. No esperaríamos que un niño llegue a ser fluido en un idioma que no escucha con regularidad y tampoco podemos esperar que los alumnos sepan cómo hacer música hermosa con sus instrumentos si no han escuchado música hermosa con regularidad.

Escuchar las grabaciones Suzuki significa la diferencia entre aprender con facilidad y batallar en el proceso. Significa la diferencia entre tener una imagen mental de cómo suena una pieza y devanarse los sesos para encontrar

¿Cuál es el rostro del éxito?

la siguiente nota. Comprometerse con el método Suzuki significa comprometerse a escuchar música de grandes compositores, todos los días si es posible.

Un entorno musical positivo y de apoyo

Otra parte del éxito de tu hijo en este método es el tipo de ambiente musical que tú, como padre o madre, establezcas. Si tu hijo siente que la práctica contigo va a estar llena de interacciones positivas, toparás con menos resistencia. Les digo a las familias con las que trabajo que aprender a trabajar juntos con éxito es una de nuestras prioridades principales.

Tu hijo tendrá más éxito si puedes descubrir cómo aprende y se enfrenta a los desafíos. Cuando tengas esta información, podrás ayudar a guiarlo a través del proceso de lidiar con estos desafíos a medida que se presenten. Esto te permitirá ayudar a apoyar a tu hijo de manera que no sólo le ayude a tener éxito con el instrumento, sino también en otras áreas de la vida en las que se encontrará con pruebas similares. Tú puedes ayudar a darle un buen uso a este conocimiento sobre sí mismos para superar cualquier tipo de obstáculos que enfrenten.

Sean parte de la comunidad Suzuki

Las familias Suzuki exitosas no sólo practican en casa y van a clases. Son una parte activa de la comunidad Suzuki. Esto puede ser la comunidad en el estudio de tu profesor o la escuela de música donde toman las lecciones. También puede significar la comunidad Suzuki más amplia si hay eventos en la ciudad o en el estado a los que pueden asistir. Puede significar asistir a festivales Suzuki (campamentos de verano) y también a talleres. Cuando tu hijo está cerca de otros estudiantes que están creciendo y mejorando, esto proporciona una gran motivación para la práctica y también para que ellos mejoren sus propias habilidades para tocar. Tocar en un grupo más grande es una manera poderosa de hacerlo. Aprovecha todas las oportunidades como esta que puedas para ayudar a mantener la motivación fuerte.

Concentrarse en la maestría

Los estudiantes exitosos se concentran en dominar su música y tocar bien su instrumento, en lugar de apresurarse siempre a probar cosas nuevas. Una nueva pieza puede resultar emocionante y motivadora, pero el verdadero progreso se hace en nuestros objetivos a largo plazo cuando tomamos la música que ya conocemos y la refinamos para que suene más avanzada, más hermosa y más pulida.

Las canciones que te sabes son mucho menos importantes que la forma en que las tocas. Es por esto que tu profesor te dará tareas para revisar el material que ya han aprendido. Apurar esta parte de la práctica o saltársela por completo es corto de miras. Aquí es donde realmente desarrollamos nuestra habilidad para tocar bien.

Concéntrate en la visión general

Inscribirse en las clases Suzuki es un compromiso a largo plazo. No es un asunto del tipo "probemos esto para ver si nos gusta". Es un compromiso con el proceso. Si decides aprender un nuevo idioma, probablemente no te guste cuando atravieses las luchas iniciales de aprendizaje de vocabulario y conjugaciones, pero te sentirás orgulloso de

¿Cuál es el rostro del éxito?

tus logros a lo largo del camino conforme adquieras más destrezas. Y eso en sí mismo es un tipo de diversión. La música es muy parecida: te comprometes con ella, luchas por aprender la mecánica de cómo hacer un sonido y cómo tocarlo, y finalmente, con todo el esfuerzo invertido, empiezas a sentir una sensación de logro y a divertirte al tocar música.

Observa a otros estudiantes que están más lejos en el viaje que ustedes. Ten fe en que llegarán allí. Céntrate en las personas o futuros adultos que como padre estás criando y en las cosas que les estamos ayudando a desarrollar en sí mismos a través de este proceso. Hay muchas cosas en la vida que le dan forma a quiénes somos como personas y ¡la música es especialmente poderosa!

Ahora que has tenido una idea general de cómo se ve el éxito del método Suzuki, veamos cada una de estas áreas más a fondo.

Los hábitos de las familias Suzuki exitosas

| Estar presente | Practicar a diario | Eschuchar | Entorno | Comunidad | Maestría | Visión general |

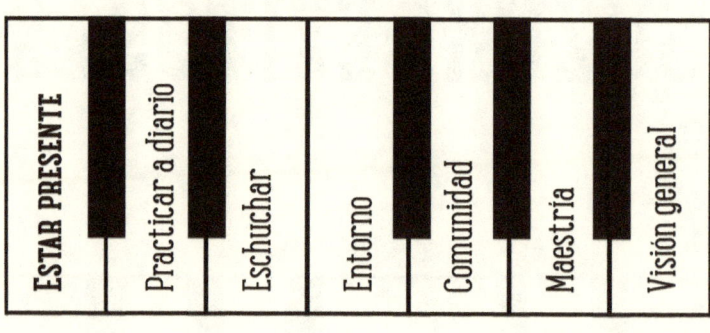

Estar Presente

"El mejor regalo que le puedes dar a tu hijo es tu presencia".

—*Alice Joy Lewis*

Vivimos en una cultura distraída y todos, incluida yo misma, se sienten halados en demasiadas direcciones. Todos tenemos distintas responsabilidades presionándonos durante todo el día. Sentarse y darle tu completa atención a tu hijo durante una clase de música puede parecer demasiado pedir, y más aún, darle esa atención total durante las prácticas todos los días en casa. Sin embargo, estar completamente presente –no solo física, sino mental y emocionalmente- es una de las características de las familias Suzuki exitosas.

Por difícil que sea, sencillamente no hay un sustituto para estar presente con tu hijo de esta forma. El impacto que tendrá en el éxito que obtengan al aprender a tocar su instrumento y en cómo se desarrolla su carácter será enorme. Los reto a darles a sus hijos el regalo de su total atención durante las clases y momentos de práctica, aún cuando parezca verdaderamente duro hacerlo.

Lo que estar presente como padre Suzuki significa

En las etapas iniciales de la crianza Suzuki se te pedirá que recrees la clase de tu hijo en casa. Esto significa observar cuidadosamente lo que el profesor hace en las lecciones y asegurarse de que tu hijo practique esas mismas cosas en casa durante toda la semana.

Es posible que tengas que idear formas creativas para alcanzar los objetivos del profesor que son específicos para tu hijo, porque tú tienes la ventaja de conocerlo mejor. También tienes más días seguidos para observar con atención cómo aprende, qué le ayuda a aprender nuevos conceptos con mayor facilidad y cómo trabajar con él de la mejor manera. Interiorizar toda esta información y ponerla en práctica requiere de mucha concentración y observación. Esto simplemente no ocurrirá si un padre se distrae durante las lecciones y la práctica y no puede estar totalmente presente.

Con los niños pequeños, esto significa guardar los aparatos electrónicos, encontrar un lugar tranquilo en la casa y prestarle toda la atención a tu hijo. Date cuenta de las cosas que le hacen perder la concentración y también fíjate en lo que le ayuda a sacar su capacidad de concentrarse de lleno. Esto implica ser creativo y probar muchos enfoques diferentes al trabajar con tu hijo en la práctica diaria, hasta que descubras qué funciona mejor.

Si encuentras algo que realmente funciona (o que realmente no funciona), toma nota de ello. Así es como sabrás cómo trabajar con tu hijo con mayor éxito la próxima vez. Observa cuál hora del día le ayuda a tu hijo a concentrarse mejor y fíjate en lo que le ayuda a mantenerse involucrado en el proceso. Has un aprendizaje de cómo aprende tu hijo.

Estar presente

Esto no sólo ayudará con la música y la práctica, sino en todas las demás áreas de la vida a medida que tu hijo crezca y tú le prepares para navegar por las cosas difíciles en la práctica, la escuela y más allá.

ESTAR PRESENTE CON ADOLESCENTES

Cuando tu hijo es un adolescente, estar presente puede ser un poco diferente. A menudo significa estar disponible para sentarse en la habitación y ser una presencia silenciosa mientras ellos están a cargo de la práctica en sí. A estas alturas, es probable que hayan aprendido a prestar atención a los detalles gracias a la forma en que tú practicaste con ellos cuando eran más jóvenes.

Muchos adolescentes practicarán de forma independiente y se harán cargo de organizar sus propias sesiones de práctica. Algunos adolescentes seguirán practicando mejor con sus padres como una presencia silenciosa en la habitación, mientras que otros querrán practicar totalmente solos. De cualquier manera, tu presencia será importante en los conciertos y presentaciones y como un oído atento si quieren hablar de las clases o dificultades en la práctica. Puedo decirte, por haber criado a mis propios adolescentes, que a menudo nos necesitan, especialmente para el apoyo emocional, más de lo que jamás dirán. Sé un público entusiasta, sé motivador y allí presente cuando sí quieran hablar de cualquier cosa. Eso lo aprecian más de lo que pueden expresar.

Mi historia

Mi padre fue mi principal compañero de práctica mientras crecía. Recuerdo que se sentaba pacientemente y me ofrecía sugerencias útiles cuando yo lo necesitaba, o simplemente era una presencia constante en mis sesiones de práctica cuando me sentía frustrada al aprender algo nuevo. Al prestar mucha atención a lo que funcionaría mejor al ayudarme, aprendió lo que me hacía estar dispuesta a seguir adelante en los momentos de frustración y la mejor manera de animarme, incluso cuando mi actitud no era la mejor.

Recuerdo especialmente cuando era adolescente que mi padre me entendía como nadie más y no tengo duda de que eso venía de todas aquellas horas de práctica juntos. Me dio su atención total todos los días que practicamos juntos. En realidad, tuve mucha suerte de que mis dos padres fueran así durante muchas partes de mi vida.

Cuando era niña, recuerdo que le pedí a mi padre que entrara en la sala de estar, después de llegar a casa del trabajo un día, para ver una marcha coreografiada que se me ocurrió mientras escuchaba mi grabación de Suzuki. Estoy segura de que no era nada interesante de ver, pero todavía puedo recordarlo diciendo, "¡Qué gran manera de aprender tu música!" y portándose muy interesado. Estoy segura de que estaba cansado y pasar tiempo practicando conmigo no era lo primero en su lista de actividades relajantes para la noche. Pero nunca dio la impresión de que pasar tiempo juntos practicando no fuera lo máximo. Su interés y presencia al momento de practicar formó un fuerte vínculo entre nosotros.

Por mucho que intente recordar la práctica en sí que hicimos juntos, lo que más recuerdo es cómo se sentía trabajar con mi padre, sentir que estaba realmente centrado en lo que yo hacía y lo mucho que significaba para mí sólo que él estuviera allí mientras yo practicaba. Creo que estar realmente presente fue un gran regalo que mis padres me dieron.

CÓMO SEGUIR PRESENTE

Es fácil distraerse con teléfonos celulares, correos electrónicos y una lista interminable de tareas pendientes que como adultos debemos hacer. Puede resultar estresante quitarle tiempo a lo que tenemos que hacer para practicar con nuestros hijos. Pero pasar tiempo realmente conectándose uno-a-uno con nuestros hijos es un gran regalo para ellos y también para nosotros mismos.

Recomiendo que veas la práctica con tu hijo como una oportunidad poco común para pasar tiempo juntos sólo ustedes. Si tu hijo piensa que la práctica es una serie de interacciones cercanas con un padre que se preocupa por él y disfruta pasando tiempo con él, eso ayuda mucho a desarrollar un buen hábito y buenos sentimientos sobre la práctica.

El tiempo de calidad que pasamos juntos haciendo algo significativo es escaso en nuestro ajetreado mundo. La práctica, bien hecha, es una buena oportunidad para hacer esto de manera habitual. Este puede ser un momento para conocer realmente a tu hijo: cómo aprende y qué tipo de estímulo lo motiva y lo mantiene interesado.

Ya tendrás la oportunidad de compartir los éxitos de tu hijo cuando él tenga un gran avance en el aprendizaje de una destreza difícil y podrás ayudar a enseñarle a superar sus frustraciones. Es bueno hacerse preguntas como: ¿Cómo aborda mi hijo los nuevos problemas y desafíos? ¿Qué necesita de mí, como padre, para tener éxito?

No se trata sólo de practicar un instrumento: las habilidades que aprendemos durante la práctica se trasladan a las tareas escolares y a muchas otras partes de nuestras vidas. Cuando empoderamos a nuestros hijos para aprender cosas nuevas y superar desafíos, les ayudamos a desarrollar importantes habilidades para la vida. Si prestamos atención a lo que estamos aprendiendo aquí como padres y madres Suzuki, tendremos mucha más información sobre cómo ayudar a nuestros hijos a entenderse a sí mismos y a navegar por otros nuevos desafíos en el futuro.

Si apenas estás empezando, tienes una pequeña ventaja. Puedes hacer un hábito desde el principio de darle a tu hijo toda tu atención durante la práctica y las lecciones. Es probable que sus sesiones de práctica sean muy cortas y puedes crear el hábito de estar presente desde el principio en las pequeñas ráfagas de tiempo que son esas sesiones de práctica diarias.

La profesora y capacitadora de violín Suzuki (y madre) Alice Joy Lewis lo describe muy bien a continuación:

> El mejor regalo que puedes darle a tu hijo es tu presencia. Para los niños, en verdad esta es la recompensa más grande: más de tu tiempo. Esto no es sólo para la música, sino para cualquier cosa para la que tu hijo necesite motivación. Estar cien por ciento en sintonía con tu hijo es el mejor regalo que puedes darle. Les demuestras que valen tu tiempo y tu atención. En realidad es un regalo para ti mismo así como para tu hijo. Es una forma de conocer a alguien que es muy especial. Cuando los padres no están distraídos, la oportunidad para que el progreso ocurra es grande.

Estar presente

Permanecer presente durante la práctica

Tu hijo puede estar apenas empezando y quizás sólo necesite diez o quince minutos de tu tiempo de concentración y presencia durante la práctica para empezar. Es más fácil desarrollar este buen hábito desde el principio, cuando las prácticas son cortas, y luego agregar tiempo a la práctica a medida que tu hijo aprende más material y conforme aumenta su capacidad de atención.

Si ya empezaron y no has estado prestando especial atención a esta parte de tu rol como padre Suzuki, crear nuevos hábitos puede requerir algo de trabajo. Primero, yo empezaría por ajustar la forma en que piensas y abordas el tiempo de práctica con tu hijo.

Para construir este nuevo hábito, empieza por retarte a ti mismo a mantenerte extremadamente concentrado e involucrado por unos minutos y luego extiende gradualmente el tiempo en que te mantienes completamente presente durante las sesiones de práctica de tu hijo.

El padre o la madre como el entorno positivo

En las clases de SECE, enfatizamos lo importante que es un ambiente positivo para el aprendizaje. Uno de los grandes cambios en la forma de pensar que tuve al pasar por mi formación en SECE fue que para los niños pequeños el ambiente realmente son los padres.

Como padre, estás creando el tono, el positivismo y el ritmo que moldea el entorno de la práctica desde el principio. Si alguna vez sientes que la práctica ha tomado un tono negativo, es hora de reevaluar el entorno de la práctica. A veces intentamos practicar durante un momento del día particularmente estresante para nosotros como padres o cuando nuestro hijo está extra cansado o hambriento. Mirar con atención cuándo y cómo practicamos puede ayudarnos a hacer cambios y a avanzar.

Este es un tema personal para muchos padres. No te sientas mal ni te culpes si las cosas no van bien. Pero sí debes examinar con detenimiento lo que puedes cambiar, teniendo en cuenta a tu familia, a tu hijo en particular y tu horario.

Sé que yo misma tuve que trabajar en esto como madre Suzuki. Para ser honesta, es mucho más fácil ser paciente con los hijos de otras personas que con los propios. Tuve que trabajar para permanecer paciente y relajada cada día que practicamos juntos. Las familias que asumen la mentalidad de que harán que la práctica sea tan productiva y positiva como sea posible y ven su rol en hacer que eso realmente suceda, desarrollarán el tipo de ambiente que ayuda a los estudiantes a tener éxito.

Es fácil culpar al niño que se comporta de una manera menos que ideal de todo mal comportamiento en una sesión de práctica. Tampoco estoy sugiriendo que necesariamente nos culpemos como padres, pero sí creo que debemos preguntarnos qué podemos hacer para cambiar el tono y más bien crear un ambiente positivo.

Estas son algunas preguntas que recomiendo que los padres se hagan:

1. ¿Mi hijo está emocionado por practicar juntos o se está resistiendo?

   La resistencia a la práctica puede venir de muchas fuentes y a veces sin importar lo que hagamos como padres, nuestro hijo se resistirá a la práctica. Sin embargo, si estás viendo esta reacción a la práctica, es una buena idea tratar de estudiar con atención nuestras interacciones con nuestros hijos.

2. Si se están resistiendo, ¿qué pareciera ser lo que están evitando?

A veces, los estudiantes simplemente tienen dificultades para pasar de una actividad divertida al tiempo de práctica. Otras veces, están tratando de evitar la lucha de trabajar en cosas difíciles. A veces, están cansados o hambrientos o sienten que una vez que empiecen, la práctica nunca terminará. Estoy segura de que también hay otras respuestas. Puede que sea necesario algo de prueba y error, pero si puedes averiguar cuál de estas cosas es la causa del problema (ajustando la práctica de diferentes maneras), a menudo puedes resolver el problema de empezar.

3. ¿Cuando empezamos a practicar estoy yo, el padre, en un estado mental positivo?

Solía preparar mi taza favorita de café o té, dependiendo de la hora del día en que practicaba con mi hija y tenía que trabajar mucho para mantenerme relajada y disfrutar de mi pequeño premio cada vez, lo que me ayudaba a mantenerme relajada y a disfrutarlo más.

4. ¿Tengo estrategias para ayudar a mi hijo para que sus tareas durante la práctica se sientan más fáciles al final?

Ten algunas maneras de ayudar a tu hijo a lograr las repeticiones de sus tareas de práctica que necesita para progresar durante la semana. Cuando veas que la frustración se asoma, ten algunas maneras para redirigir la práctica y mantenerla en el camino correcto. Algunos ejemplos incluyen volver a tareas de práctica más fáciles, dividir la tarea en partes más pequeñas que puedan ser exitosas y recordarle a tu hijo que la tarea será mucho más fácil con más práctica.

5. ¿Entiendo lo que motiva a mi hijo? ¿Entiendo lo que hará que se cierre y deje de trabajar duro?

   Quizás leíste mis ejemplos anteriores y pensaste que eso nunca funcionaría para tu hijo. Es genial que lo sepas. Presta atención a lo que funciona y a lo que no. Tú eres quien mejor conoce a tu hijo. Una vez que puedan practicar con las estrategias que sabes que funcionan para tu hijo y evitar las que no funcionan, verás que se empieza a progresar más.

6. ¿Estoy usando esta información para ayudar a crear un buen ambiente de práctica para que mi hijo aprenda?

   No es una mala idea tener una pequeña lista anotada en el cuaderno de práctica o repasar una lista en tu mente sobre lo que sabes que funciona bien. Algunos días necesitamos este tipo de lista más que otros para ayudar a nuestros hijos a tener una sesión de práctica exitosa. No sólo observa a tu hijo; usa lo que observas para ayudarlo a mantenerse interesado y a progresar en su tiempo de práctica.

7. ¿Qué puedo hacer para que mi hijo sienta que ha alcanzado un pequeño logro durante la clase de hoy?

   He notado con los estudiantes en mi estudio que algunos dejan la lección sintiéndose emocionados y motivados cuando terminamos practicando algo nuevo. Otros se sienten mucho más motivados y animados cuando terminamos con algo fácil que ya saben hacer bien. El sentimiento con el que un estudiante deja una clase o una práctica tiende a extenderse y afectar su actitud sobre la siguiente sesión. Utiliza esto a tu favor. Si terminamos la práctica sintiéndonos bien con algo, eso realmente ayuda.

8. ¿Qué cosa en que mi hijo está mejorando puedo señalar, incluso si hay varias cosas en las que debe trabajar?

Para responder a las preguntas anteriores se necesita tamaño poco de perspicacia sobre el comportamiento de tu hijo. No es algo que podamos hacer como padres si sólo estamos prestando atención a medias. Somos el entorno de práctica del niño, tenemos una oportunidad única de estar totalmente presentes y comprometidos con lo que están haciendo.

Esto puede significar que nos sintamos frustrados o que tengamos que atacar de frente algunos comportamientos frustrantes y también ayudar a nuestro hijo a lidiar con ellos. No es fácil; a veces es mucho más fácil desconectarse mentalmente y escapar de todos los sentimientos intensos. Pero al resolverlo es cuando se logra la mayor diferencia.

Resolver los sentimientos fuertes es lo que ayuda a dar a nuestros niños las herramientas para que ellos mismos lo hagan a medida que crecen. Mantenernos interesados y comprometidos a través de las prácticas difíciles nos ayuda a todos a resolver problemas y aprender a trabajar juntos. Y a veces un buen sorbo de té y una respiración profunda también ayudan.

Recientemente encontré un gran libro para ayudar a los padres a apoyar a los estudiantes cuando enfrentan dificultades con las tareas y encontré algunos de los consejos muy aplicables a la práctica de un instrumento también. En el libro *Parent Guide to Hassle-Free Homework* (*Guía para padres para tareas sin complicaciones*), los investigadores del Instituto de Investigación para el Aprendizaje y el Desarrollo (Research Institute for Learning and Development) compartieron sus consejos sobre cómo los padres pueden ayudar a que los estudiantes se sientan comprometidos con sus tareas. La lista incluye lo siguiente:

- Desafiar las creencias erróneas

- Dar mensajes claros y coherentes

- Recordarles los éxitos del pasado

- Dar una retroalimentación específica y positiva

- Redefinir el éxito

- Elogiar el esfuerzo y la persistencia, y

- Enseñar la importancia de cometer errores y de aprender de ellos.[6]

Estar presente

Esto es un reflejo de lo que aconsejaría a los padres para ayudar a los estudiantes en sus sesiones de práctica. Si no estás seguro de cómo ayudar a tu hijo a practicar mientras estás sentado con ellos cada día, estos son buenos puntos de partida.

1. **Desafiar las creencias erróneas:** A veces esto aparece en la práctica con declaraciones de nuestros hijos como: "No puedo hacerlo" o "Es demasiado difícil". Las creencias erróneas como estas pueden obstaculizar el progreso; hacen que los estudiantes se detengan porque no creen que puedan hacerlo mejor.

   Creo que cuando nuestros hijos comparten sentimientos como estos en la práctica, es importante escuchar y ofrecer otro punto de vista para que estas creencias no se conviertan en algo que se digan a sí mismos cada vez que se encuentren con algo difícil en la práctica o en algo más.

   El simple hecho de asegurar a nuestros niños o estudiantes que la destreza en la que están trabajando a todos les resulta difícil al principio es de gran ayuda. La falsa creencia de que un niño debe hacer algo bien la primera vez que lo intenta es muy común. Asegúrale a tu hijo que de esto se trata la práctica: tomar las cosas que no son fáciles de inmediato y hacerlas más fáciles con el tiempo. Incluso puedes compartir con ellos algo en lo que eres bueno ahora, pero que no fue fácil en el primer intento.

2. **Dar mensajes claros y consistentes:** Uno de los autores del libro (*Guía para padres para tareas sin complicaciones*) dio el ejemplo del libro infantil *La pequeña locomotora que sí pudo* (*The Little Engine that Could*) y cómo el mensaje de "Creo que sí puedo, creo que sí puedo" del libro los impactó cuando eran niños y se convirtió en algo que se decían a sí mismos cuando algo era difícil.

   Es útil tener un dicho similar que puedas repetirle a tu hijo de manera consistente. Algunas ideas son, "Sigue así, lo conseguirás" y "Puedes hacerlo". Es posible que ya haya un dicho en tu familia que se pueda usar para este propósito. La idea es que podemos cambiar el tono de la práctica y cómo abordamos las cosas difíciles cuando cambiamos nuestras creencias erróneas y las reemplazamos por otras nuevas, más alentadoras.

3. **Recordarles los éxitos del pasado:** ¿Recuerdan lo difícil que solía ser sólo sostener el arco? ¿O tocar *Estrellita*? Es probable que tu hijo haya recorrido un largo camino desde sus primeras lecciones y señalarle esas cosas cuando se enfrente a un nuevo desafío puede ayudar mucho. Si se queda atascado en la práctica porque algo no sale fácilmente, detenerse para hacer un balance de estas cosas puede ser realmente útil.

Estar presente

4. **Dar una retroalimentación específica y positiva:** Decir "buen trabajo" puede parecer un elogio vacío para un niño que sabe que está luchando para salir adelante y puede darse cuenta de que todavía algo no está bien. En lugar de eso, intenta elogiar algo específico y veraz que hayas notado. Elogios como "Realmente te concentraste en ese momento" o "Me gusta la forma en que hiciste XYZ", son mucho más útiles y bien recibidos. Cuando como profesora hago eso en las clases, me doy cuenta de que el estudiante tiende a empezar a hacer con mayor frecuencia cualquier cosa que elogie con honestidad. Es una motivación poderosa. Después de que los alumnos tocaban, Suzuki siempre les decía algo positivo que también era honesto, y esa es una buena práctica para todos nosotros.

5. **Redefinir el éxito:** A veces el éxito en la práctica no es tocar una pieza perfectamente. A menudo, es un buen enfoque o concentración o una mínima mejora en una pequeña parte de una pieza. Si nosotros, como padres, sólo definimos el éxito como lo primero, nuestros hijos se van a sentir desanimados por el proceso.

El éxito en la práctica puede ser lograr una sesión aún en un día en el que era difícil de hacer o lograr algún tipo de progreso gracias a que algo está mejor que cuando la práctica comenzó, o una buena actitud ante la sesión de práctica. Mira tu propia definición de éxito en la práctica y si es necesario, cámbiala para ayudar a tu hijo a ver el éxito en todos los pequeños pasos del camino. Todos estamos más motivados para hacer las cosas a diario cuando podemos ver un avance. Ayuda a tu hijo a ver su progreso, por pequeño que sea, para que se mantenga motivado para seguir adelante.

6. **Elogiar el esfuerzo y la persistencia:** Este punto va de la mano con la redefinición del éxito. En ocasiones, es tentador elogiar sólo las notas correctas o la postura perfecta. Pero lo que queremos desarrollar en nuestros niños y estudiantes es la voluntad de dar el mejor esfuerzo que puedan y seguir con ello hasta que sea más fácil. Si logramos que los estudiantes hagan esto con regularidad, entonces empezará a darse el progreso en el instrumento. Si sólo elogiamos el resultado pero no el esfuerzo que se requirió para llegar allí, nos estamos perdiendo el desarrollo de estas grandes cualidades de carácter - el tipo de cualidades que tienen los grandes músicos y líderes en otros campos. No conozco a ningún gran músico que sea perezoso o que se rinda cuando las cosas se ponen difíciles, de esa manera simplemente no desarrollarían las habilidades para tocar a un alto nivel. Los resultados vendrán con el tiempo. Elogia mucho a tu hijo por lo duro que está trabajando y por persistir en las cosas difíciles con las que se encuentra en el camino.

7. **Enseñar la importancia de cometer errores y de aprender de ellos:** Según mi experiencia, es fácil confundir el tocar algo completo sin errores, con la práctica. Si realmente puede tocar algo sin errores y sin nada que mejorar, yo diría que eso no es realmente práctica. Podríamos más bien llamarlo repaso.

La práctica verdadera es tomar algo con errores y cosas para arreglar y trabajar a profundidad hasta que ya no sea tan difícil. Cometer errores es parte del proceso de práctica. A veces me encuentro con padres que suspiran ruidosamente, hacen chasquidos con la lengua o dicen "no" de manera perceptible, cada vez que su hijo comete un error mientras toca en la clase. Puedo imaginar que la práctica en casa es muy similar.

A menudo, estos son hábitos inconscientes que tenemos como padres y créanme que yo también he sido culpable de ellos. Pero es importante romper estos hábitos como padres. No queremos enseñar a nuestros hijos y alumnos que los errores son algo que hay que temer y evitar a toda costa. De hecho, a veces los errores son nuestros principales maestros. En la práctica, tu hijo comete errores. Hablen sobre la sección que notaste que no está bien. Pregúntales qué podrían hacer para arreglarlo. Tóquenla con muchas repeticiones hasta que sea fácil tocarla correctamente (esto puede tomar muchas sesiones de práctica, pero siempre vuelvan a ella).

Los errores nos dan información y nos muestran

dónde tenemos que trabajar. Por supuesto, antes de presentar algo a otros queremos solucionar las áreas problemáticas, pero aún así a veces los profesionales se equivocan.

Consideraciones finales

Estas ocho formas de mantener a los estudiantes comprometidos y avanzando en las lecciones son excelentes recordatorios para nosotros como maestros y padres por igual. Yo señalaría esta lista y la mantendría en el espacio de práctica en casa. Si te sientes desanimado o inseguro sobre cómo practicar con tu hijo, puede ayudarte leer la lista de nuevo cuando sea necesario. Al estar completamente presente ahora en la práctica con tu hijo y ayudarle a aprender estas destrezas, le enseñarás cómo estar completamente presente en su propia práctica más adelante, cuando esté trabajando de forma independiente. Es un gran regalo que les das para ayudarles a progresar en el instrumento y también para construir, como padres, un fuerte vínculo con ellos.

"Se ha citado a muchos atletas olímpicos diciendo que las seis palabras más importantes que sus padres les dijeron fueron 'Me encanta verte jugar'. Saber que tu trabajo duro les importa a tus padres y que tú les importas más que tu trabajo duro, es muy poderoso para un niño a cualquier edad.."

—*Ann Montzka-Smelser*

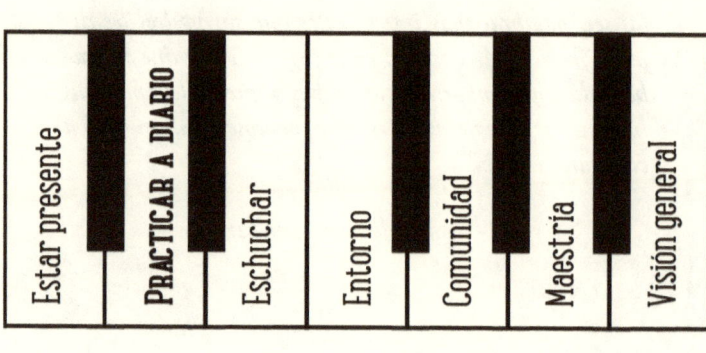

Practicar a diario

"La práctica le pone cerebro a tus músculos."

—Sam Snead

No podemos hablar de aprender un instrumento musical sin hablar de la práctica. No hay magia cuando asistes a las clases cada semana, es el trabajo que haces todos los días entre cada clase lo que hace que se dé el progreso. No hay ningún sustituto para la eficacia de sacar tiempo todos los días para practicar.

Una frase célebre de Suzuki es: "Sólo practica los días que comes". Esta cita significa que debes practicar a diario para progresar, pero creo que dadas las últimas investigaciones sobre la formación de hábitos, significa aún más. Practicar todos los días también es sabio porque es más fácil cumplir con hábitos establecidos que con algo que nos cuesta recordar hacerlo todos los días.

En el libro *Better Than Before* (*Mejor que antes*), Gretchen Rubin comparte su investigación sobre las diferentes maneras en que las personas crean y mantienen hábitos[7]. A través de su investigación, descubrió que mantener un hábito es mucho más exitoso cuando la tarea se convierte en una parte determinada de cada día y la persona involucrada ya no tiene que decidir si hacerlo o no. Tener que decidir cada día si practicar o no, puede convertirse en una actividad emocionalmente agotadora. Es probable que esto haga que se salten la práctica algunos días aunque tengan buenas intenciones, porque se siente como una obligación.

Sin embargo, si la práctica se convierte en parte de lo que tu familia hace a diario, entonces no hay ninguna decisión que tomar y todo el proceso se vuelve mucho más sencillo.

Este debería ser nuestro objetivo como familias Suzuki: pensar más en *cuándo* podemos practicar hoy, no *si* vamos a practicar hoy. Hagan que el tocar música todos los días sea parte de la cultura familiar. Si somos honestos, a veces la práctica puede parecer una obligación y quizás algunos días las prácticas tengan que ser cortas, pero sigan adelante y háganlo de todos modos.

Las familias que tienen éxito a largo plazo en el método Suzuki, crean este hábito: se comprometen a tocar todos los días. Por supuesto que no todos los días pueden ser perfectos, pero si piensan practicar a diario, entonces los días sin práctica son una excepción, más que un acontecimiento cotidiano. Los alumnos más exitosos con los que trabajo practican entre cinco y siete días a la semana. Menos de eso y el progreso no se dará a un buen ritmo conforme pase el tiempo.

Parte de que la práctica diaria funcione es programar tiempo en sus vidas para practicar cada día. Cuando haces tu horario al comienzo del año escolar, incluye un tiempo diario para practicar. Si no tienes un plan y algún espacio en tu horario para practicar, no sucederá.

Evalúa tus propias actitudes como padre o madre acerca de la práctica

En mi estudio me he encontrado con todo, desde padres músicos que entienden la importancia de la práctica, hasta el extremo opuesto del espectro donde los padres odiaban practicar de niños y no quieren pedir a sus propios hijos que practiquen todos los días. También hay muchas familias que se encuentran en otros sitios del abanico.

La palabra *práctica* puede tener mucha carga instalada para algunos padres: puede revivir recuerdos de peleas con sus propios padres sobre cómo practicar o cuando los supervisaban para asegurarse de que usaban todos los minutos del cronómetro y no estaban perdiendo el tiempo. A nosotros como adultos nos puede resultar estrecho y desagradable. A veces, traemos mucha carga emocional a la ecuación. Les animo a que lo dejen ir y permitan que sus propios hijos tengan una perspectiva diferente sobre la práctica. No, no siempre es divertido, pero tampoco tiene por qué ser horrible. Usar lo que aprendimos en el capítulo anterior acerca de estar presente y ayudar a tu hijo a mantener el compromiso durante la práctica, puede ayudar a que su experiencia de práctica sea completamente diferente a la tuya (si la tuya no fue positiva).

Si queremos que nuestros hijos practiquen un deporte, no nos atormentamos pensando si los enviamos o no a los entrenamientos, es sólo parte del juego. No puedes llegar una vez por semana al partido sin haber practicado nunca. No sabrás qué hacer.

Es lo mismo cuando se aprende a tocar un instrumento: venimos a la clase, trabajamos con nuestro profesor y elaboramos un plan de práctica para la semana. No podemos tener éxito en la lección o en las clases de grupo si no hemos hecho las prácticas durante la semana. A diferencia de algunos equipos deportivos que se reúnen dos veces por semana, entre cinco y siete prácticas nos dan los mejores resultados cuando los niños son pequeños.

Sea cual sea la actitud con la que empieces, te insto a que adoptes la mentalidad de la práctica diaria como parte de la vida cotidiana de tu familia y consideres el impacto que esto tiene en el éxito de tu hijo.

Preparar las sesiones de práctica

La forma en que estructuramos las sesiones de práctica en casa puede marcar una gran diferencia en la disposición de nuestros hijos a practicar cada día y en lo que se logra en el transcurso de una semana. Revisar las tareas que el profesor les dio para ayudarles a dominar cada día y repasar las cosas que ya aprendieron, ayuda al progreso, la confianza y la memoria muscular (necesaria para que se haga más fácil tocar).

Como profesora, me gustaría que mis alumnos sacaran su instrumento todos los días e hicieran algo. Por supuesto, haz una sesión de práctica completa con tu hijo todos los días que puedan, pero algo es mejor que nada. Aunque solo tengan unos minutos para practicar juntos, aún vale la pena. Toquen algunas piezas de repaso bien o pídele a tu hijo que toque su pieza más reciente para que los conceptos nuevos que su maestro le está ayudando a mejorar sean más automáticos. También vale la pena trabajar durante unos minutos en algún aspecto técnico de tocar. Algo siempre es mejor que nada y todas esas sesiones cortas que te habrías saltado, equivaldrán a grandes mejoras con el tiempo.

No te preocupes por la sesión de práctica "perfecta", sólo saquen el instrumento (o siéntense al piano/ arpa/ practiquen cantar) y haz algo con tu hijo todos los días.

Conviertan en un hábito el tocar en un mini concierto o hacer algo breve, cuando se sientan tentados a saltarse una sesión. Si recién empiezan o han perdido el hábito de la práctica, empiecen con cinco o diez minutos, pero háganlo todos los días. Será más fácil añadir más tiempo una vez que tú y tu hijo o hija tengan el hábito, y la práctica vuelva a ser parte de la rutina diaria. Si la palabra *práctica* te resulta desagradable, piensa más bien en *tocar* todos los días.

Practicar en dos sesiones más cortas

Dependiendo de la edad y la capacidad de atención de tu hijo, es posible que necesites dividir la práctica en dos sesiones más cortas para poder hacerlo todo. Algunas familias arreglan esto con una sesión antes de la escuela y otra después de la escuela. Otras hacen una sesión después de la escuela y otra después de la cena.

Algunos de mis estudiantes adolescentes logran practicar dividiendo la práctica en varias partes pequeñas y haciendo una parte entre cada tarea escolar en la que están trabajando. En la adolescencia es importante planificar la práctica. Si esperamos a que una o varias horas estén disponibles en nuestra agenda para practicar, nunca lo haremos. Esto es especialmente cierto durante exámenes finales o cuando hay que entregar proyectos grandes. A esta edad puede ser muy efectivo practicar escalas y estudios en un bloque, trabajar material de repaso en otro, música de orquesta o de ensamble y luego piezas nuevas —cada una en su pequeña sesión de práctica.

También es importante que los estudiantes de escuela media y secundaria aprendan a planificar su tiempo de práctica y cómo lo gastarán. Cuando los estudiantes son más jóvenes, nosotros como padres lo hacemos por ellos, al avanzar cuando vemos que hemos cubierto lo suficiente para el día y cuando ayudamos a que se logre todo lo que hay que practicar. Los adolescentes necesitan ayuda para aprender a hacer esto por sí mismos. Pídele ayuda a tu profesor con esto si aún no se ha mencionado. Saber de una manera realista cuánto tiempo tienen y desglosar lo que necesitan lograr de forma que todo se pueda hacer, no sólo es una gran destreza para estar listo para las clases de música, sino que también es una gran destreza para la vida en general.

Estudiar música puede ayudar a los adolescentes a aprender a presupuestar su tiempo cuando tienen una meta que cumplir. He descubierto que los adolescentes a los que enseño y que se mantienen fieles a la música durante los años de la secundaria son aquellos que usan estos bloques de práctica entre tareas para descansar y relajarse de las otras presiones de la vida.

Sí, la práctica es un trabajo, pero utiliza destrezas diferentes a las de escribir un proyecto o estudiar para un examen, y como tocar requiere toda nuestra concentración, puede ayudar para desconectarse de otras presiones de la vida (al menos por un corto tiempo). Según mi experiencia, cuando los estudiantes ven la música como una forma de relajarse y desestresarse, se convierte entonces en una parte importante de sus vidas a la que no quieren renunciar, en lugar de ser una tarea más en su larga lista.

SI PRACTICAR PARECE UNA TAREA DESAGRADABLE

Tengo un *coach* de negocios que me ayudó inmensamente haciéndome preguntarme sobre cualquier meta que tuviera en la que me estaba costando trabajar: "¿Cómo sería esto si lo hiciera divertido y fácil?". Creo que es sabio preguntarnos lo mismo sobre la práctica. Probablemente no sea posible

Practicar a diario

hacer que cada práctica sea divertida y fácil, pero ¿cómo sería si lo fuera? ¿Cómo podemos avanzar más hacia eso? Una forma de hacerlo es hacer de la práctica un verdadero hábito en tu familia, como ya hemos discutido. Esto al menos hace que el proceso de empezar sea más fácil y divertido. La práctica será un hecho, como cepillarse los dientes, el solo hacerlo toma menos tiempo que retrasarlo y postergarlo.

Cuando fui copresentadora de una serie de charlas para padres en el Instituto Suzuki de Oregón 2016, mi colega la Dra. Rebekah Hanson y yo dirigimos una sesión donde los padres compartieron sus mejores consejos para que la práctica encaje en sus vidas diarias.

Escuchamos algunas ideas muy buenas. Una familia tenía la regla de no usar aparatos electrónicos sino después de terminar la práctica del día. Este enfoque motivó a sus hijos a terminar con la práctica diaria en lugar de retrasarla. Esto es algo que yo usé con mis propios hijos, especialmente en los meses de verano, cuando teníamos largos períodos de tiempo en casa y era fácil dejar la práctica para más tarde, para luego terminar no haciéndola al final.

Otra familia le dio a sus hijos dos opciones de práctica para el día: si elegían la más temprana, se les permitía una sesión de práctica un poco más corta. Los estudiantes de esta familia pudieron hacer más y estar más concentrados más temprano en el día y estaban ansiosos por practicar más temprano porque sabían que la práctica sería un poco más corta.

Por la razón que sea, a menudo empezar es la parte más difícil de la práctica. Sacar y preparar el instrumento o simplemente dejar una actividad en la que el estudiante está absorto, para pasar a la práctica, puede ser un verdadero desafío. Poner un cronómetro, dar muchos avisos y establecer una rutina ayuda a empezar con más facilidad.

Los padres de mi estudio me dicen que cuando sus hijos saben que la práctica se realiza todos los días y que no hay manera de convencerlos a ellos de que la pospongan o la eviten, entonces parecen más contentos de hacerlo y aceptan que es parte de su vida diaria, no una batalla que hay que librar.

Ponga un cronómetro

Simplemente hazle saber a tu hijo que pondrás un cronómetro por cinco o diez minutos (lo que funcione mejor para ustedes) y cuando suene, ese será el momento de practicar. Esto le da a los estudiantes tiempo para cambiar de marcha y oír la alarma del cronómetro es una clara señal de que es hora de empezar.

Dar muchos avisos

A veces incluso yo estoy absorta en algo y aunque pretendo parar e ir a practicar, es difícil dejar lo que estoy haciendo y cambiar de tarea. Los niños pueden sentir aún más resistencia a cambiar de marcha de esta forma.

Una advertencia de que solo queda poco tiempo para seguir haciendo la actividad actual antes de empezar la práctica, es mucho más efectiva que esperar a que un estudiante deje todo en ese momento y vaya a practicar. Como padre, usé esta técnica a menudo para advertir a mis hijos que ya casi era la hora de practicar, de salir hacia a algún sitio o de empezar las tareas. Siempre podíamos hacer la transición más fácilmente a una nueva actividad con alguna advertencia, en vez de si yo insistía en que cambiáramos de marcha inmediatamente. Reconocer que es posible que los niños necesiten este tiempo de transición ayuda a nuestros hijos a sentir que sus necesidades se respetan y enseña a los niños a terminar una actividad mucho antes de seguir adelante, algo que todos tenemos que aprender y llevar a la edad adulta.

Establecer una rutina

Como madre, sé la importancia de la rutina a la hora de acostarse para ayudar a preparar a los niños para dormir. Cuando mis hijos eran pequeños, a menudo incluía un baño, cepillarse los dientes y leer un cuento juntos. Eso era lo que les indicaba a mis hijos que había llegado la hora de dormir y que era momento de relajarse.

Lo mismo puede ser cierto para prepararse para la práctica. Si establecemos una rutina, luchar contra ella se convierte entonces en menos problema y podemos llegar a la práctica con más calma como parte de la rutina. Esto será muy diferente para distintas familias y según cuándo practiquen.

Una rutina de práctica en la mañana podría ser: desayunar, cepillarse los dientes, prepararse para tocar el instrumento. O después de la escuela: llegar a casa, comer algo, sacar el instrumento para practicar. Construyan una rutina alrededor de la práctica en algún momento del día.

Esto es lo más poderoso que he encontrado para ayudar a que la transición hacia la práctica diaria sea fluida. A menudo lo que vemos como resistencia a la práctica es en realidad resistencia a cambiar de actividad y comenzar algo nuevo. Entender que esto es una realidad y tratar de que tu hijo entre a la práctica con facilidad, lo hará más agradable para todos.

El importante papel del padre o la madre de familia en la práctica

Especialmente cuando tu hijo es joven, tu papel como padre o madre de práctica es de extrema importancia. El maestro te da las pautas sobre qué y cómo practicar, pero en realidad eres tú quien hace el trabajo diario con tu hijo para lograrlo. Si se les deja solos demasiado pronto, los alumnos Suzuki no tendrán éxito. Este método depende de la participación de los padres, en especial durante las sesiones de práctica diarias.

Asegúrate de que al salir de la clase de tu hijo entiendes qué incluir en la práctica y cuál es el concepto o punto más importante en el que deben focalizarse esa semana en las prácticas. Toma notas durante la clase para que puedas recordar los pequeños detalles que el profesor espera que cumplan durante toda la semana.

Como profesora, siempre agradezco las preguntas sobre qué practicar. Quiero asegurarme de enviar a los estudiantes y a sus padres a casa con la información correcta para tener éxito. Prestar mucha atención a la forma en que la profesora hace que tu hijo practique algo en la clase, te da la información necesaria para hacer lo mismo en casa durante la semana. Preguntas como "¿Cómo quieres que practiquemos esto en casa?" o "¿Cuál es la mejor manera de hacer esto durante la práctica de esta semana?", serían muy bienvenidas en mi estudio.

La profesora Suzuki de violín Ronda Cole, compartió conmigo sus pensamientos sobre la importancia de los padres Suzuki y su papel en la práctica en su estudio. "Ser un padre o madre Suzuki es la parte más crítica y también la más desafiante del Triángulo Suzuki. Los padres Suzuki tienen que ser creativos, sensibles y estar listos para hacer lo que sea necesario en cualquier momento para ayudar al alumno que está madurando. Saben que deben replicar el contenido de la lección durante la semana en casa y ser creativos para hacerlo".

Cole también señala que los estudiantes a menudo ven la autoridad del profesor sobre qué practicar de manera diferente a la de sus padres, lo que a veces conduce a desacuerdos durante las sesiones de práctica. Sugiere referirse a las notas de las clases e incluso usar en la práctica en casa el mismo vocabulario del profesor, para reducir este problema. Cole dice: "El maestro es el maestro. El padre o la madre es el entrenador en casa que ayuda al niño a estar listo para la clase siguiente".

QUERER PRACTICAR

Mis propios padres tuvieron que decirme que practicara durante toda la secundaria. No era una gran pelea, pero sí tenían que recordarme que empezara. No era que no quisiera tocar el violín y más tarde la viola; simplemente no pensaba en ello por mí misma. Mirando hacia atrás, creo que no era buena juzgando cuán consistente debía ser para lograr avances importantes antes de mi próxima clase. Recuerda que el cerebro de tu adolescente aún se está desarrollando y aún necesita de tu aporte. No era buena para recordar que tenía que practicar por mi cuenta todos los días, pero afortunadamente mis padres sabían la importancia de la práctica y no dejaban de recordarme.

No te preocupes si eres tú quien tiene que organizar el tiempo de práctica o recordarle a tu hijo que lo haga. Quizás durante toda la secundaria tengas que recordarles que hagan una serie de tareas diferentes (como limpiar su habitación); pero igual esperamos que lo hagan y les beneficia que sigamos pidiéndolo. Con suerte, en algún momento, tu hijo se hará cargo de empezar a practicar por su cuenta y a medida que crezca siempre podrás recompensarle por practicar sin recordárselo y así ayudarle a motivarse a empezar este hábito por sí mismo.

Cambiar la mentalidad de la práctica

Creo que lo que se necesita es un cambio de mentalidad sobre la práctica. La práctica no es algo tedioso que debamos temer. Es enfrentar al instrumento poco a poco cada día para mejorar algo. Si algo está mejorando, ya sea nuestra forma de tocar, nuestra actitud, o nuestra habilidad para concentrarnos y trabajar duro, entonces estamos teniendo éxito.

Practicar una habilidad diariamente puede cambiar quién somos. Nos ayuda a desarrollar un entusiasmo por mejorar, aprender perseverancia y experimentar esa agradable sensación después de terminar algo que no ha sido fácil. Aprender a cumplir a diario y a darse el permiso de ser imperfecto, hace una gran diferencia tanto en la confianza como en la disciplina. Es una destreza para la vida con la que muchos adultos tienen dificultades. Incluso si tu hijo no obtiene nada más de esta experiencia, aprender eso es valioso.

Empezar por lo pequeño

Si tienes que volver todo tu horario al revés para practicar a diario, es poco probable que lo cumplan. Empiecen con al menos una práctica corta todos los días. Con el tiempo, a medida que haya más que practicar y conforme aumente la capacidad de atención de tu hijo, esto se extenderá a prác-

Practicar a diario

ticas más largas. Es importante entender desde el principio que entre más tiempo estudie tu hijo el instrumento, mayor será la duración de las prácticas. No tienes que preocuparte por ello al principio, pero es algo a tener en cuenta para programarse en el futuro.

Una cosa que sugiero a las familias de mi estudio es que cada otoño, cuando planifiquen sus actividades, averigüen cuánta práctica es apropiada para el nivel de su hijo y se aseguren de incluirlo en el programa de cada día de la semana. Traza un plan de horario junto con las demás actividades de tu hijo para ver cómo encaja todo. Si durante todo el día pasas de una actividad a otra sin dejar espacio para practicar como una de las actividades, tu hijo no tendrá éxito. El éxito en un instrumento depende de muchas cosas y la práctica es una gran parte de esa ecuación.

La dura realidad es que si no puedes encontrar tiempo para programar la práctica debido a demasiadas actividades, entonces algo tiene que desaparecer. No siempre podemos hacer todo lo que queremos al mismo tiempo. Recuerda que no planeamos tener partidos deportivos sin prácticas durante la semana y tampoco podemos pretender tener lecciones exitosas de esa manera.

Incluso más importante que la cantidad de tiempo de práctica cada semana es la cantidad de días en que practicaron. Hay algo de volver a la práctica día tras día, que crea buenos hábitos y da una facilidad para tocar, que no se encuentra con sólo atiborrarse en un par de largas sesiones de práctica justo antes de la clase de la semana.

Hacer algo en el instrumento cada día traerá resultados mucho mejores. Por supuesto, puede haber días en los que se puede practicar más tiempo y más a fondo que otros. Algunos días nuestra práctica será más corta, porque la vida pasa y surgen cosas fuera de nuestro control. Tener un plan para practicar absolutamente todos los días, corto o largo, traerá el mayor éxito a largo plazo. Sé que no siempre es fácil, pero vale la pena.

Recientemente, le pregunté a Lisa Hansen, profesora Suzuki de violín y madre de familia, sobre su hábito de práctica diaria con sus propios hijos.

Christine Goodner: ¿Por qué ha sido importante para ti crear un hábito de práctica diaria?

Lisa Hansen: Sin una práctica regular, el progreso en el violín se ralentiza y merma la motivación para el niño y el padre. Cuando Zane empezó con el violín, no practicábamos a diario. Poco a poco me di cuenta de que, como no practicábamos todos los días, su progreso era mínimo, al igual que su cooperación. Elevar mi compromiso con la práctica diaria fue un punto de inflexión que resultó en más cooperación y mayor progreso.

Christine Goodner: ¿Cuál es la realidad de lo difícil que es lograrlo?

Lisa Hansen: La práctica diaria no es fácil. Es un compromiso que requiere la cooperación y la energía de toda la familia. Mi marido y yo hemos acordado que la práctica diaria es un objetivo familiar y se alinea con nuestros valores. Ahora tenemos dos hijos que tocan violín. Nuestra meta básica es asegurarnos de que ambos niños pasen al menos un minuto en el violín cada día. Si ponemos el listón tan bajo, es relativamente fácil de cumplir. La calidad del tiempo de práctica es más valiosa que la cantidad. Si me doy cuenta de que cada vez hay más protestas, para mí es una señal de que algo significativo está pasando. Sintonizarse con los niños es vital. Puede significar que necesitan más descanso o puede ser el momento de implementar un incentivo.

Christine Goodner: ¿Por qué sientes que es importante de todos modos (a pesar de no ser fácil)?

Lisa Hansen: Si no practicáramos todos los días, sería mucho más difícil hacer que mis hijos cooperen. Practicar es más fácil porque es una actividad diaria. La práctica diaria lleva al progreso y mis hijos se emocionan cuando logran terminar una pieza nueva. ¡El éxito cría éxito!

Consideraciones finales

Como puedes ver, incluso los profesores Suzuki que son padres tienen que trabajar para que la práctica diaria se dé. Como mencionó Lisa, ser una familia que practica a diario no significa que tengas la práctica perfecta y más completa posible cada uno de esos días. A menudo significa comprometerse a hacer algo todos los días y cumplirlo. Significa comprometerse a crear una cultura familiar que incluya la música como una actividad diaria.

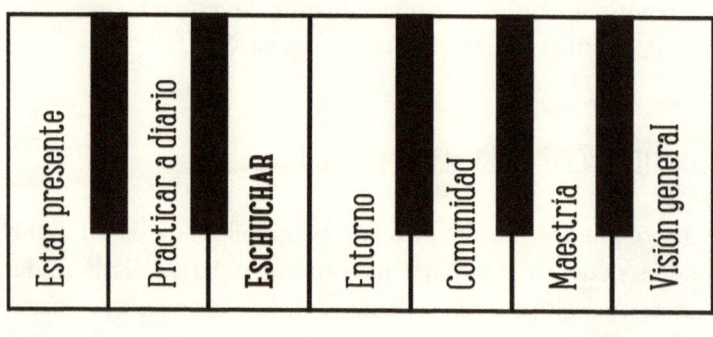

ESCUCHAR BUENA MÚSICA

"No cabe duda de que los estudiantes que escuchan las grabaciones de referencia con regularidad –así como una variedad de otra música- son los más exitosos".

—Kelly Williamson

El método Suzuki enseña a los niños a tocar música de la forma en que aprenden su lengua materna. Recuerda cuando tu hijo aprendió a hablar. ¿Qué tipo de ambiente estaba alrededor de ellos que les ayudó a aprender a hablar y a entender su primer idioma?

Probablemente escucharon a sus padres y a muchas otras personas a su alrededor, hablándoles todo el día. Estuvieron inmersos en el idioma desde el momento en que nacieron y poco a poco, con la práctica, aprendieron a entender y hablar el idioma por sí mismos.

En esta misma línea, es ampliamente aceptado que la mejor manera de aprender un nuevo idioma, como estudiante o adulto, es sumergiéndose en esa cultura para estar rodeado del idioma. De esta manera, quienes aprenden un nuevo idioma aprenden a hablar por la necesidad de moverse con facilidad en su nuevo entorno.

Crear este mismo ambiente de inmersión, con música de grandes compositores puede producir resultados similares para los alumnos Suzuki. Por esta misma razón, escuchar diariamente es una de las piedras angulares del método Suzuki. Suzuki notó que mientras él luchaba por aprender su segunda lengua, los niños pequeños que crecieron en esa cultura aprendieron su lengua materna con facilidad.

Desde el campo de la lingüística sabemos, muchos años después, que los cerebros de los niños toman información y hacen conexiones basadas en el lenguaje que escuchan desde su nacimiento. Escuchar música de grandes compositores, especialmente del instrumento que su hijo está estudiando, ayuda a darle el mismo tipo de información para procesar cómo suena la música y cómo quieren que suene su música.

Una de las tareas básicas que tendrás, como padre o madre, es poner la grabación Suzuki de tu hijo para que la escuchen cada día. Esto es importante para su desarrollo como músico y tendrá un gran impacto en la facilidad con la que aprenderá a tocar bien su instrumento.

Los alumnos a los que enseño, que escuchan sus grabaciones Suzuki con regularidad, aprenden al menos el doble de rápido que los alumnos que no escuchan lo suficiente. Esta es la primera pregunta que hago cuando un estudiante tiene dificultades para progresar. ¿Cuánto escuchas cada semana?

Los alumnos que escuchan lo suficiente, tienen una imagen clara en sus cabezas de cómo suena la pieza que están aprendiendo. Ellos pueden cantar o tararear la melodía de la sección siguiente en cualquier momento. También tienen una idea clara de lo que es un buen sonido para su instrumento en particular y entienden cuando se necesita más trabajo para mejorarlo.

Escuchar buena música

Este conocimiento interno hace que aprender música nueva sea mucho más fácil al par que reduce la frustración. Haz de la escucha diaria un hábito en tu casa desde el principio, para que tu hijo pueda tener esta ventaja para aprender música con facilidad.

HAZ QUE ESCUCHAR SEA UNA PRIORIDAD

Muchas familias me cuentan que sienten que es difícil encajar en la agenda el escuchar a diario o bien que es fácil olvidar hacerlo. Como madre, entiendo que ya hay mucho que integrar a cada día de la vida de tu familia. Sin embargo, el simple hecho de darse cuenta de la importancia que este hábito tiene para el éxito de tu hijo, debería ayudar para que esta tarea sea una prioridad.

Además de practicar cada día, *esto es lo más importante* que puedes hacer. Es más, diría que puede ser incluso más importante que la práctica en un día cualquiera. Escuchar les da a los estudiantes motivación y una meta que puede estimularlos a practicar y hacer que el aprendizaje se sienta más sencillo. En los cuadros de práctica que mis alumnos se llevan de las clases cada semana a casa, esta tarea está en lo más alto de la lista, porque quiero que la vean como una prioridad.

Mi colega Lauren Lamont está de acuerdo: "A veces es difícil lograr que los padres y los alumnos escuchen las grabaciones, pero hacerlo mejora su aprendizaje en un ciento diez por ciento". Por eso recomienda, siempre que sea posible, hacer tiempo para escuchar, y crear juegos de escucha, tales como buscar una nota específica que tu hijo pueda reconocer, para mantenerlo involucrado.

Escucha pasiva versus escucha activa

Es probable que cuando recién empiecen con clases, la mayor parte de la escucha que se le pida a tu hijo sea una escucha pasiva.

Es decir, escuchar la música de fondo, mientras tu hijo hace otras cosas. Por ejemplo, escuchar mientras juega, come, va en el auto, hace tareas o cualquier otra actividad cotidiana que se te ocurra.

La música puede sonar a un volumen bajo y no es necesario sentarse y escucharla con total atención.

A medida que tu hijo avance, es probable que se le asignen más tareas de escucha activa. Por ejemplo, sacar las partituras de una pieza en la que están trabajando y seguir las notas impresas mientras escuchan. O bien, escuchar grabaciones diferentes de la misma pieza realizadas por distintos intérpretes, para oír las formas distintas en que se puede tocar una pieza.

Hay algunas cosas que puedes hacer para que la escucha sea más activa, incluso para los estudiantes principiantes. Movimiento creativo, dibujar lo que la música hace pensar al niño e inventar una historia que acompañe a la música (y hasta letra) son excelentes maneras para que los estudiantes escuchen con atención y noten el estilo, velocidad y el sentimiento de las piezas que escuchan.

Jo-Anne Steggall, madre de una niña, tiene un gran ejemplo de esto: "A nuestra hija menor le encantan los dinosaurios. Inventa sus propias letras para las grabaciones y todas tienen que ver con dinosaurios. Es mucho más fácil recordar cómo es una pieza cuando puede cantar algunas palabras significativas para ella".

En un capítulo anterior compartí que cuando era niña

solía marchar por la habitación al ritmo de mis grabaciones Suzuki. Algunos de mis alumnos han venido a clases tras inventar su propia letra para una nueva pieza que están aprendiendo. Las ideas podrían seguir sin parar. Usa tu creatividad y el interés de tu hijo para pensar en ideas que funcionen para ustedes.

La visión más general

Si de adultos queremos aprender algo nuevo, es una buena práctica encontrar a gente que ya lo haya hecho y aprender de ellos. Ese es el principio que le enseñamos a nuestros niños, como parte de una visión más general, cuando escuchamos todos los días. Escuchar no sólo enseña a los estudiantes cómo suenan sus piezas y cómo suena su instrumento cuando se toca bien, sino que también les enseña a buscar a alguien que ha aprendido algo bien antes que ellos, para entender cómo se hace. Lo hacemos como adultos, al buscar a un entrenador personal, si queremos ponernos en forma; al ver un vídeo en línea, leer un libro o una guía práctica. No esperamos aprender a hacer algo sin una guía.

El profesor les guiará cada semana en la clase, pero se necesita una guía diaria para hacer lo que estamos hablando. Recuerda nuestra analogía de aprendizaje de idiomas: no llegaremos a dominar un idioma que sólo escuchamos una vez a la semana.

Mis propios hijos

Supe que mis propios hijos eran verdaderos niños Suzuki cuando vi cómo abordaban el teatro musical en la secundaria. Tan pronto como se anunciaba el musical para el siguiente año escolar, buscaban la música. Iban directamente a la biblioteca (o en línea), conseguían la música y empezaban a escucharla una y otra vez hasta que toda la familia pudiera cantarla, mucho antes de que se hicieran las audiciones.

No tenía que indicárselos o sugerirlo. Sabían que esa es la manera fácil de aprender música nueva: escuchar, escuchar, escuchar. No se sentía como una tarea rutinaria; estaban entusiasmados de hacerlo, entonces estaban preparados cuando llegaba el momento de las audiciones. Cuando el espectáculo empezaba, no era estresante para ellos aprenderse ninguna letra o música porque ya la habían escuchado tanto. Para cuando empezaban los ensayos, ya estaba arraigado en ellos.

Ideas prácticas para agendar el tiempo para escuchar

Entonces, ¿cómo es exactamente que las familias encuentran en su hábito diario el momento para escuchar?

- Poner el CD por la mañana mientras los niños se alistan para el día.

- Ponerlo en el carro mientras van y vienen de diversas actividades durante la semana.

- Ponerlo por la noche mientras tus hijos se duermen.

- Usarlo como banda sonora durante otras actividades como jugar o leer.

- Escuché que una familia lo requería como banda sonora de fondo cuando sus hijos jugaban videojuegos. ¡Una gran idea!

Escuchar buena música

Hoy en día, es fácil poner nuestra música en nuestros teléfonos y otros dispositivos para llevarla con nosotros dondequiera que vayamos. Esto es una gran ventaja. Cuando era joven, sólo teníamos la grabación Suzuki en un tocadiscos en el dormitorio de mis padres, así que por la noche pasaba un rato con ellos para escucharla. Lo hacíamos, pero definitivamente no era tan práctico como puede serlo hoy en día.

Las familias en mi estudio a menudo tienen éxito si tienen el hábito de pulsar *play* al mismo tiempo que alguna otra actividad que ocurre cada día y ya es una rutina establecida. Si vas a la cocina a preparar el desayuno y pulsas *play* cada vez o si la música suena cada vez que se prepara la cena, más bien se hace difícil olvidar hacerlo. Encuentra con qué actividad puedes agrupar el escuchar la música que funcione mejor para tu familia y conviértelo en un hábito el hacerlo todos los días. Con el tiempo, ni siquiera tendrás que pensar en ello o acordarte de hacerlo. Así, se convertirá en algo automático, que es la mejor forma de asegurar que se haga. Si escuchar se combina con otra actividad, es fácil convertirlo en un hábito a largo plazo.

A MEDIDA QUE LOS NIÑOS CRECEN

El objetivo es que cuando nuestros hijos sean adolescentes, tal vez en la adolescencia tardía, vean por sí mismos el poder de escuchar y lo hagan sin necesidad de que se les sugiera. Usualmente *sí* les sucede a mis estudiantes en algún momento. Con el tiempo, los estudiantes empiezan a darse cuenta de lo fácil que es aprender música nueva si la han escuchado primero. Luego empezarán a ser ellos mismos los que se vean impulsados a hacer las tareas de escucha. Mi consejo es verla como una actividad dirigida por los padres hasta que eso suceda.

"Escuche como un maniático"

Uno de los mejores ejemplos sobre el poder de la escucha lo escuché de Michele Monahan Horner, autora del libro *Life Lens: Seeing Your Children in Color* (*El lente de la vida: Ver a tus hijos a color*)[8]. Horner dio una charla educativa para padres llamada *Escuche como un maniático*, como parte de la serie de vídeos de la Asociación Suzuki de las Américas, *Padres como socios*. En ella, compartió el enorme éxito de un experimento que hizo como profesora y madre Suzuki y que cambió radicalmente la forma en que escuchaban sus alumnos y su propio hijo.

Funcionó así: se hizo un CD (también podría hacerse una lista de reproducción digital en cualquier programa para organizar música) que incluía la pieza más reciente del alumno y las siguientes dos piezas por aprender. Cada pieza estaba en el CD diez veces seguidas. Luego, se asignaba escuchar este CD o lista de reproducción todos los días. Michele compartió los sorprendentes resultados que obtuvo con este enfoque, con el que unos pocos estudiantes con dificultades para progresar comenzaron a obtener resultados rápidos en su capacidad de aprender bien la música nueva.

Música en vivo

Además de escuchar música grabada en casa, recomiendo encarecidamente salir a ver música en vivo en persona tanto como sea posible. Muchas comunidades tienen conciertos baratos o gratuitos para niños. Puede que encuentren entra-

Escuchar buena música

das para ver a algunas orquestas locales de secundaria, universidad o comunitarias a un precio accesible. También vale la pena la inversión de ir a ver solistas que toquen el mismo instrumento que su hijo o hija cuando su presupuesto lo permita. En verdad hay algo muy motivador y emocionante de ver músicos tocar en vivo. Incluso como profesora de música, a menudo salgo de esos conciertos motivada para volver a casa y practicar. Así que asistan a tantos conciertos como puedan.

A menudo los estudiantes escuchan algo en un concierto, como un determinado estilo de música o una pieza de cierto compositor, que los entusiasma a seguir practicando para poder tocarla algún día. Este no es el tipo de motivación que se puede obtener con sólo asistir a las clases. Ver a alguien tocar y querer ser capaz de tocar como ellos, es una poderosa motivación para cualquier músico.

Vídeos

Si buscan en YouTube, pueden encontrar muchos vídeos de interpretaciones de músicos profesionales, permitiéndoles verlos desde la comodidad de la casa. Si bien no es lo mismo que ver una presentación en persona, esto puede permitirte a ti y a tu hijo tener acceso a ver músicos que tal vez nunca vengan a tu ciudad, pero que verlos es muy inspirador. Encuentren algunos de sus artistas favoritos y síganlos en redes sociales donde a menudo se pueden ver vídeos publicados, información sobre conciertos y más información sobre sus proyectos más recientes. Todavía recuerdo haber visto vídeos de Itzhak Perlman cuando yo era niña y lo mucho que me inspiró y motivó a tocar el violín.

Escuchar para crear una hoja mental de ruta

Una de las cosas más poderosas que ocurren cuando un estudiante escucha lo suficiente la grabación de una pieza que está aprendiendo, es que su cerebro comienza a formar una imagen clara de lo que viene después durante la pieza. Esto ayuda a reducir la dificultad de aprender la forma de la pieza o cómo las partes encajan entre sí. Elimina el tener que adivinar y facilita el aprendizaje.

Como profesora, la diferencia entre enseñar a alguien que ha escuchado lo suficiente y alguien que no tiene una idea clara de cómo debe sonar una pieza es como el día y la noche. Hay una diferencia dramática para los principiantes que se hace más evidente a medida que los estudiantes avanzan en el repertorio. Siempre me duele ver a un estudiante con dificultades, cuando sé que la solución a menudo es tan simple como escuchar más. Entiendo que no siempre es fácil formar este hábito, pero es una forma tan simple de facilitar el aprendizaje que no se puede enfatizar lo suficiente.

Hay partes del aprendizaje de una pieza —como el estilo, el sentimiento y cómo suena la pieza cuando está afinada—, que toman mucho tiempo en explicarlas una por una a los estudiantes. Todo se tiene que dividir en pequeños pasos graduales. Si el estudiante ya entiende estos detalles a través de sus tareas de escuchar, entonces ya tiene un entendimiento básico de cómo suceden estas cosas en su pieza y podemos más bien trabajar en cómo tocar bien la música.

La profesora Suzuki y madre, Jody Morrissette, compartió que sus hijos se encienden cuando empiezan una nueva pieza y se dan cuenta de que ya reconocen la canción (por las grabaciones) y saben qué esperar. He descubierto que lo mismo ocurre con los alumnos con los que trabajo.

Escuchar buena música

Otra profesora compartió conmigo que los hermanos menores en su estudio a menudo dicen que ya se saben una pieza que han escuchado tocar a un hermano. En realidad no han aprendido a tocar la pieza en su instrumento, pero sienten que se la saben por lo mucho que han escuchado. Puedo decir por experiencia que estos hermanos también tienden a aprender más fácilmente porque entienden la pieza al derecho y al revés.

Mi recomendación sobre escuchar las grabaciones con regularidad sería así de enérgica: no escuchar las grabaciones lo suficiente es poner a un estudiante en desventaja y dificultarle tener éxito. Sé que escuchar todos los días puede sentirse como una obligación, ¡pero vale la pena el esfuerzo necesario para que esto suceda a diario!

Consideraciones finales

El método Suzuki enseña a los alumnos muy jóvenes a tocar sus instrumentos usando los mismos principios con los que aprendieron su lengua materna. Una gran parte de alcanzar el éxito en esto es saber, en primer lugar, cómo debe sonar una pieza o instrumento.

Concéntrense en convertirse en una familia que escucha buena música como parte de su cultura familiar. Al garantizar que esta simple actividad ocurra, tienes la oportunidad de tener un gran impacto en la capacidad de tu hijo para progresar y sentirse seguro al aprender música nueva. La música clásica no tiene que ser tu género favorito, pero es probable que puedas aprender a apreciarla al ver todo el esfuerzo que tu hijo pone en aprender a tocar su instrumento.

Una de las cosas más tristes para mí fue una antigua alumna mía cuyos padres rara vez venían a los recitales, no disfrutaban escuchar sus prácticas y no querían que se tocara música clásica en la casa porque no les gustaba escucharla. El hecho es que a su hija realmente le apasionaba, era parte de quien era. ¿Qué clase de mensaje envía esto a un niño?

Abraza el camino que ha emprendido tu hijo y en quién se está convirtiendo a través del estudio de un instrumento. Lo más probable es que si escuchas a muchos intérpretes y estilos diferentes, encontrarás uno con el que puedas conectarte como padre y sin duda tu hijo se beneficiará de toda esa exposición a buena música.

Creo que la profesora Suzuki de flauta, Kelly Williamson, resume muy bien la importancia de escuchar: "Sin duda, los alumnos que escuchan las grabaciones de referencia con regularidad —así como una variedad de otra música- son los más exitosos. Aprenden sus piezas con mayor rapidez y facilidad. Tocan con mejor afinación. Tocan con más expresión y mejor fraseo; en la flauta, hasta la calidad de su articulación se ve afectada porque los estudiantes que escuchan piensan en líneas, en lugar de nota por nota. Están motivados por aprender futuras piezas de repertorio, porque llevan mucho tiempo deseando aprenderlas. Los estudiantes a los que les va mejor son aquellos a quienes, además de lo anterior, sus padres los llevan con regularidad a presentaciones en vivo. El otro día, una de mis estudiantes vino a un concierto de la orquesta y se sacó una foto conmigo, justo después en la sala de conciertos. Mientras su madre presionaba el botón de la cámara, supe que este tipo de experiencia es parte del 'pegamento' que ayuda a sostener la visión completa y le ayuda a mi estudiante a verse a sí misma como músico ahora y en el futuro".

"Los estudiantes a los que les va mejor son aquellos a quienes, además de lo anterior, sus padres los llevan con regularidad a presentaciones en vivo. El otro día, una de mis estudiantes vino a un concierto de la orquesta y se sacó una foto conmigo, justo después en la sala de conciertos. Mientras su madre presionaba el botón de la cámara, supe que este tipo de experiencia es parte del 'pegamento' que ayuda a sostener la visión completa y le ayuda a mi estudiante a verse a sí misma como músico ahora y en el futuro".

—*Kelly Williamson*

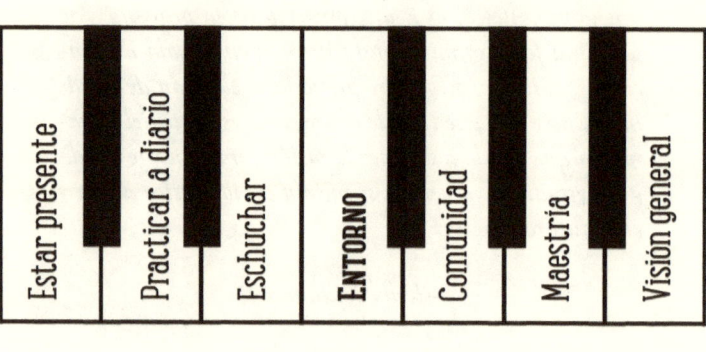

CREAR UN AMBIENTE POSITIVO Y MUSICAL

"La idea de Suzuki fue que aún con lo importante que es la música, el niño es más importante".

-Alice Joy Lewis

Como padre Suzuki, dedicarás tiempo todos los días a ayudarle a tu hijo a practicar con su instrumento. Más allá de saber qué practicar, es importante prestar atención al tipo de ambiente en el que los niños practican mejor. Si tu hijo siente que practicar contigo va a estar lleno de interacciones positivas (ser comprensivo y de apoyo), te será mucho más fácil lograr que lo haga. Este es el tipo de ambiente que apoya el crecimiento de los estudiantes como músicos y como buenas personas.

Cuando surgen diálogos sobre los ambientes de práctica, por lo general oigo muchas descripciones físicas. Por ejemplo, es una buena idea encontrar un lugar en la casa que siempre se utilice para practicar y que esté libre de distracciones y ruido adicional. También es importante tener todos los materiales listos para la práctica antes de empezar, para evitar perder tiempo. Estos son consejos importantes, pero los animo a pensar en el ambiente de práctica como algo completamente distinto: *ustedes, los padres, son el ambiente de práctica.*

La primera vez que oí hablar de este concepto fue a través de mi capacitación en SECE con Sharon Jones. Es un gran cambio de perspectiva respecto a la forma en que los maestros y padres suelen pensar en los ambientes de práctica, pero es una distinción muy importante que se debe hacer. Tú eres el entorno de tu hijo. Un padre o madre Suzuki comprensivo e involucrado hace una gran diferencia en el éxito de su hijo y no sólo en los resultados relacionados con la música.

Sé que venir a las clases es mucho trabajo, así como entender bien lo que hay que practicar durante la semana y luego facilitar esas prácticas en casa durante toda la semana. Los padres y madres que hacen que esto funcione mejor lo hacen de una manera positiva y trabajando con las fortalezas de sus hijos. Ellos cultivan a sus hijos a través del proceso, ayudándolos a crecer y mejorar a lo largo del camino. Para poder hacer esto bien, todo comienza con la confianza en el hecho de que tu hijo *puede* aprender a tocar bien su instrumento.

Cuando le pregunté a la profesora de violín, Alice Joy Lewis, sobre la mentalidad de las familias que tienen éxito en su programa, me dijo lo siguiente:

"Ellos creen absolutamente que su hijo será capaz de aprender. ¡Tienen que creerlo absolutamente! Habrá tantas colinas que escalar y por supuesto también espacios maravillosos. Aduéñate del hecho de que tu hijo puede. Si crees que puede, sucederá".

Este tipo de creencia de que tu hijo *puede aprender* a

Crear un ambiente positivo y musical

tocar el instrumento cambiará la forma en que practican, lo que esperas de tu hijo y tu nivel de paciencia. Es una parte esencial para establecer un ambiente positivo y alentador para la práctica. La forma en que le hables, interactúes y reacciones ante tu hijo le envía este mensaje: puedes hacerlo y lo lograrás con la práctica y el tiempo.

La profesora de Suzuki, Danette Schuh, dice que esta creencia de que tu hijo puede aprender le recuerda la cita de Henry Ford: "'Tanto si crees que puedes, como si crees que no puedes, tienes razón'. A veces los padres se pueden estresar por el progreso de su hijo", dice, y esto es lo que les dice: "No me preocuparía por los pequeños contratiempos... El progreso tiende a rebotar y si se pudiera representarlo en un gráfico no se vería como inclinación sutil y uniforme, ¡más bien probablemente sería como las Montañas Rocosas! Con perseverancia a largo plazo, los estudiantes siempre terminan lográndolo".

Como profesores, a menudo tenemos suficiente experiencia con los estudiantes para saber y confiar en que los estudiantes terminan lográndolo. Sabemos que cada uno puede ir a su propio ritmo y tener sus propios desafíos, pero con el tiempo, lo harán bien si practican y siguen aprendiendo.

Como padre, puede que sólo veas el progreso de tu propio hijo y puede ser difícil medir cómo van las cosas. Es importante confiar en tu profesor y recordar que no importa lo rápido o lento que sea el progreso en un momento, vale la pena seguir adelante.

Habrá momentos cuando tu hijo progrese muchísimo y otros en los que será difícil saber si algo está sucediendo. Tu comprensión y tu estímulo pueden marcar la diferencia entre continuar y aprender que las cosas difíciles requieren tiempo y esfuerzo, o desanimarse y rendirse.

A veces la mayor parte de nuestro trabajo como padres Suzuki es animar a nuestros hijos. Es importante hacerles saber que aunque tocar un instrumento es difícil, es seguro que pueden hacerlo con esfuerzo y práctica.

Cuando trabajo con los alumnos en mi propio estudio, a menudo encuentro que sólo escucharme a mí (o a un padre o madre) decir que una tarea o destreza es difícil para todos al principio y que sólo se necesita práctica para que se haga fácil, es lo único que un niño necesita para seguir trabajando. Si creemos que pueden hacerlo, es probable que adopten esa misma actitud.

Mantenerse positivo

La práctica puede provocar emociones fuertes. A menudo implica esforzarse por una meta que no es fácil de alcanzar. Dependiendo del estudiante, esto puede provocar muchos sentimientos de frustración. Como padres, debemos comprometernos a establecer un sentimiento de motivación y darles confianza a nuestros hijos. Concentrarse en lo que va bien, sin importar lo pequeño que parezca, puede ayudar. Recuerda que criar a nuestros hijos como personas, no sólo como músicos, es uno de nuestros objetivos principales.

Algunos padres pueden pasar mucho tiempo ayudando a sus hijos a superar sus sentimientos de frustración. Recuerda que queremos crear un ambiente positivo y enriquecedor para que nuestros hijos aprendan, incluyendo aprender a resolver este tipo de sentimientos. Asegúrate de hablar con tu maestro si tienen dificultades con esto.

Estas son algunas formas productivas que ayudan a mantener la práctica positiva cuando un estudiante está frustrado:

Crear un ambiente positivo y musical

- Pídele al estudiante que te diga en qué quiere trabajar el profesor. De esta manera, están pensando por sí mismos en vez de que les digan qué hacer. Esto ayuda a desarrollar el sentido de apropiación y ayuda al alumno a sentir que está trabajando hacia una meta de la que forma parte.

- Elije un solo punto para trabajar en cada tarea y cúmplelo como padre (no importa cuántas otras cosas te gustaría tratar).

- Enfatiza lo positivo. En algunas situaciones extremas, los padres pueden idear un sistema con el profesor en el que sólo mencionen las cosas positivas que vean en la práctica y dejen la crítica constructiva al profesor.

- Recuérdale a tu hijo las otras ocasiones en que ha encontrado algo difícil y que se ha vuelto fácil por haber practicado. Esto puede ser algo relacionado con su instrumento o con cualquier otra destreza que haya desarrollado.

- En cada práctica dedica mucho tiempo a hacer cosas que tu hijo pueda hacer bien, en vez de solo las tareas desafiantes. Si una tarea en particular les resulta frustrante, tómense un descanso haciendo una tarea fácil con el instrumento y luego retomen la primera más tarde u otro día para trabajar en ella de nuevo.

- Intenta terminar cada práctica con algo divertido y agradable, como una pieza o un juego favoritos. La sensación con la que tu hijo termine la práctica permanecerá en su mente. Termina con una nota positiva.

- Mantén la retroalimentación sobre lo que debe practicar en términos no personales. Como estudiante es mucho más fácil escuchar, "tu pulgar se está alejando de su sitio" que "olvidaste doblar el pulgar". Tocar un instrumento es algo profundamente personal. Dale confianza a tu hijo como persona a la vez que discutes un tema que necesita mejorar.

A muchos estudiantes les gusta dar presentaciones y tocar en grupo, pero la práctica individual les resulta una experiencia frustrante. Ayudarles a centrarse en las partes que les gusta tocar puede ayudar a la motivación. Recuerda que este proceso es un compromiso a largo plazo. Habrá altibajos en el camino. Es fácil confundir la frustración por no aprender una técnica o una canción fácilmente, con que no les guste el instrumento en su conjunto. Con el tiempo, podemos ayudar a nuestros hijos a ver la diferencia.

Sé realista con lo que pueden lograr en cada práctica

Nada mata el positivismo y causa tanta frustración en una sesión de práctica como tener expectativas poco realistas sobre lo que tu hijo puede lograr. Realmente, los niños pequeños sólo pueden centrarse en una cosa a la vez. Si les pides que se concentren en su postura, posición de las manos y tono, algo se verá perjudicado.

A veces como adultos es difícil identificarse con eso, pero es más bien fácil olvidarlo. Puedes determinar lo que es una expectativa razonable al observar cómo trabaja el profesor con tu hijo y a tu hijo mientras practica en casa.

En su libro, *Las claves del talento*, Daniel Coyle explica tres zonas de aprendizaje que creo que en verdad pueden ayudarnos a pensar sobre esto.[9] En primer lugar, está la "zona de confort": aquí es donde todo es relativamente fácil

Crear un ambiente positivo y musical

de hacer. El extremo opuesto es lo que Coyle llama "la zona de supervivencia", donde hay demasiada dificultad. Los estudiantes que intentan practicar en esta zona a menudo sólo logran la mitad del tiempo o menos, completar con éxito lo que les pedimos que hagan. Si nuestros hijos están tratando de practicar y están en esta zona, es una buena señal para nosotros como padres para dividir las cosas en trozos más pequeños y así ayudarles a tener éxito.

La investigación de Coyle muestra que el mayor progreso se alcanza en "el punto dulce". Aquí es donde los estudiantes se esfuerzan con todo lo que tienen por hacer algo bien y apenas pueden lograrlo. En esta zona, probablemente pueden hacer repeticiones correctas el 70 o el 80 por ciento de las veces. Pero cuando la tarea es nueva, realmente están intentando y dando todo lo que tienen para lograr esa precisión. Coyle dice que los estudiantes que practican en esta zona pueden progresar más en cinco o diez minutos de práctica de esta manera, que en meses de práctica en la zona de confort.

Los grandes maestros han perfeccionado el arte de encontrar ese "punto dulce" para que sus estudiantes trabajen allí y ayudarlos a esforzarse lo suficiente para seguir progresando sin que parezca imposible. Como padres, podemos esforzarnos por hacer lo mismo con nuestros hijos en casa durante las prácticas.

A medida que se hacen más fáciles de tocar, las escalas y piezas de repaso pueden entrar en la zona de confort, pero al trabajar en algo nuevo podemos tratar de encontrar un equilibrio entre el esfuerzo por mejorar y el no hacer que las cosas sean tan difíciles que nuestros hijos no puedan lograrlas.

Ser realista sobre lo que se puede lograr en cada sesión de

práctica (o al mismo tiempo) puede ayudar a que la práctica sea más positiva y a evitar la frustración. No se puede hacer demasiado en una sola sesión y es por eso que es importante retomarlo día tras día para construir sobre lo que ya hemos hecho. Si mantienes este enfoque, con el tiempo tu hijo o hija será capaz de tocar música que nunca imaginaste.

Aprender a tocar un instrumento musical es más una maratón que una carrera corta. Si nos cansamos o nos frustramos esperando lograr las cosas más rápido y más fácilmente de lo que es posible, no nos estamos ayudando a largo plazo. Es difícil mantenerse motivado si sentimos que todo el proceso es frustrante e improductivo. Eso es lo que suele ocurrir cuando nuestras expectativas no son realistas.

Una clave que he encontrado para evitar la frustración como madre y profesora es recibir a cada niño tal cual es, ese día, y a partir de ahí ayudarles a mejorar. Concentrarse en donde creemos que debe estar su progreso o en el hecho de que algo fue más sencillo la semana anterior, no es útil ni alentador para nadie. Mira al niño que tienes en frente, ve en qué lugar se encuentra hoy y ayúdale a hacer las cosas un poco más fáciles y a ganar un poco más de confianza. A veces, se puede sentir que avanzamos tres pasos y luego retrocedemos dos. Sé igual de alentador. A veces sentirás que ruedan colina abajo y las cosas se dan con facilidad, pero aún así sé alentador (y disfrútalo mientras dura).

Marcar el tono de la práctica

Como el padre o madre presente en las prácticas, juegas un poderoso papel para establecer el tono que tomarán las sesiones. Esto requiere un esfuerzo de tu parte para tener una intención clara de la forma en que la práctica se lleva a cabo. A pesar de las otras cosas que nos estresen como adultos o de cómo nuestro hijo o hija puede haber actuado en otra

Crear un ambiente positivo y musical

situación más temprano en el día, en cada sesión de práctica podemos empezar de cero.

Sugiero que adopten un planteamiento de trabajo conjunto con tu hijo para que la práctica sea productiva. Evita las batallas de práctica o las luchas de poder sobre qué practicar. Si tienen problemas para hacer que esto funcione, por favor hablen con el profesor. Siempre quiero estar enterada si una familia tiene dificultades con esto para poder ayudar a generar ideas.

Concéntrate en lo positivo. Una gran parte de tu trabajo es intentar darle a tu hijo las herramientas para aprender a superar los desafíos, idealmente de la manera más positiva posible.

Antes de que tu hijo tenga la edad y sea lo suficientemente competente para practicar por su cuenta, tú serás una gran parte del proceso. Lo que les decimos ahora cuando las cosas son difíciles y cuando no queremos que se rindan, a menudo marcan lo que se dirán a sí mismos más adelante. Para tener algunas ideas antes de que llegue la práctica, algunos padres incluso escriben cómo decir algo de manera que hace crecer e incentiva a su hijo, en vez de descargar su propia frustración.

COSAS QUE FOMENTAR

A veces lo único que vemos son todas las cosas en las que nuestros hijos aún tienen que trabajar. ¿Qué decimos que sea positivo y alentador cuando vemos tanto que no nos parece positivo? Te insto a que te centres en las cualidades que tu hijo está desarrollando a través de la práctica.

- Fomenta la concentración.
- Fomenta el trabajo duro.

- Fomenta no rendirse cuando las cosas no son fáciles.
- Fomenta el escuchar con atención y fijarse en los pequeños detalles.
- Fomenta un sonido hermoso.
- Fomenta intentarlo aunque quizás no tengan éxito.
- Fomenta la disposición de venir a la práctica con una buena actitud.

Ya sea que estés fomentando las destrezas musicales o las cualidades de carácter, ten cuidado con los falsos elogios. Los niños se dan cuenta si suenan bien o no, especialmente con toda la música que escuchan. Decirle a un niño que algo suena bien cuando en realidad no es así es un falso elogio y, en mi experiencia, los niños no se engañan. Es mucho más efectivo si encuentras algo verdadero que decir.

Podría ser tan fácil como decir, "¡Creo que esa fue la mejor!" o "¡Parece que se está volviendo más fácil!". Puede que al principio sea difícil notar todos los pequeños detalles que sí van bien. Como padre o madre, es un buen hábito que adquirir a medida que nuestros hijos crecen y, como niños, ya que es bueno que noten estos pequeños pasos de bebé también.

Sabe cómo tu hijo aprende mejor

Hay muchas maneras de abordar la misma tarea. Tocar algo veinte veces se siente como un trabajo tedioso. Descubrir cómo tu hijo aprende mejor y cómo es receptivo a la práctica puede hacer que ésta sea más efectiva y divertida. Una parte crítica de crear un ambiente positivo de práctica es descubrir cómo tu hijo se siente más dispuesto a esforzarse en una nueva destreza.

Para algunos estudiantes es divertido marcar casillas para cada cosa que han practicado.

A otros estudiantes les encantan los juegos, como pasar un juguete pequeño de un extremo de la mesa al otro después de cada repetición.

A algunos estudiantes les resulta divertido sacar papelitos de un tazón para decidir qué sigue en la práctica y así dirigir ellos el orden de la práctica.

Para otros es divertido saber que la práctica siempre tiene el mismo orden y pueden contar con esa rutina.

Saber qué motiva a tu hijo e integrar ese conocimiento a la práctica ayuda mucho a que las sesiones sean productivas y positivas. Si a tu estudiante realmente le disgustan los juegos de práctica, incluirlos en las sesiones de práctica no será útil.

Existen algunos excelentes recursos para identificar cómo tu hijo trabaja mejor. El perfil DiSC, usar el libro *Life Lens: Seeing Your Children in Color* (*Lente de la vida: Ver a tus hijos a color*) y muchos otros. Todos tienen diferentes maneras de categorizar los patrones que vemos en la forma en que nuestros niños y estudiantes aprenden y enfrentan cosas nuevas. Creo que todos se pueden simplificar de la siguiente manera para tener una imagen más clara de lo que le ayuda a tu hijo a aprender mejor.

En mi experiencia, los estudiantes tienden a entrar en estos estilos de práctica:

- Auto dirigido
- Dirigido por padre/madre/adulto
- Lúdico
- Detallista/lista de verificación

Muchos estudiantes serán una combinación de estas cuatro categorías, pero las siguientes descripciones te darán una comprensión básica de cómo puede ser que tu hijo practique mejor.

Auto dirigido: A estos estudiantes les gusta sentirse en control de cómo será la práctica. Son más felices y están más dispuestos a trabajar duro cuando pueden elegir en qué trabajar. Estos son estudiantes que pueden beneficiarse de tirar los dados para ver cuántas veces van a tocar algo. Responden mejor a sacar el nombre de una pieza de un tazón o a leerla en una lista, que a escucharlo de su padre/madre de práctica. También, a menudo funciona bien darles muchas alternativas entre dos opciones aceptables.

Dirigido por el padre/madre: A diferencia del último grupo, a los estudiantes que prefieren este tipo de práctica les gusta que sea un adulto quien estructure la práctica. Puede ser tan simple como repasar los apuntes de las lecciones o la hoja de práctica, y ayudarle a tu hijo a pasar de una actividad a otra con indicaciones verbales. Es posible que estos estudiantes no se sientan cómodos dirigiendo su propia práctica y se sienten perfectamente cómodos si tú determinas el orden por ellos. Creo que lo importante para ayudar a que la práctica se desarrolle sin problemas es tener tu propio plan de acción antes de empezar a practicar.

Lúdico: A algunos padres les sorprende que no todos los estudiantes tienen una orientación lúdica en la práctica. Algunos estudiantes se sentirán insultados por la idea de hacer un juego durante las clases, mientras que a otros les encanta. Puedes encontrar un sinfín de ideas de juegos de práctica en línea.

Aquí hay algunas:

Crear un ambiente positivo y musical

- Objetos pequeños para contar repeticiones, como borradores, pompones para manualidades, monedas o cualquier otra cosa que te ocurra.

- Tableros de juego en blanco en los que puedes escribir tareas de práctica: puedes usar juguetes pequeños como piezas de juego y tirar dados para moverse por el tablero.

- Juegos de cartas hechos con fichas: haz una lista de los elementos por practicar (uno por ficha) y pídele a tu hijo que saque uno a la vez al azar.

- Tira los dados o utiliza una ruleta con flecha giratoria para determinar el número de veces que deben practicar una sección asignada por el profesor.

- Pecera: Escribe todos los elementos por practicar ese día en tiras de papel y ponlos en un bol o cubeta. El estudiante los saca uno por uno para saber qué practicar después.

Es buena idea tener unos cuantos juegos en mente antes de practicar, así como cambiarlos de vez en cuando, ya que lo usual es que un juego nuevo aporte algo de energía fresca a la práctica.

Detalles/lista de verificación: A algunos estudiantes en verdad les encanta tener una lista o tabla de práctica. Pueden marcar casillas después de cada elemento que practican, agregar calcomanías o simplemente disfrutar de cumplir cada punto hasta lograrlo todo. Una manera segura de frustrar a un estudiante como este, es no tener un plan de práctica o alguna forma de señalar cuando completa cada tarea. Si el profesor no te da una lista de práctica para marcar, puedes crear la tuya propia o incluso encontrar coloridos gráficos en blanco en las tiendas de suministros escolares que pueden utilizar para marcar cada tarea que completen con éxito.

Con el tiempo, a medida que practiques con tu hijo, comenzarás a ver patrones de cómo aprende y probablemente podrás saber en qué categoría (o categorías) se encuentran. Si utilizas el marco anterior para pensar en lo que estás viendo, es probable que tengas una mejor idea de cómo hacer que la práctica sea más agradable y productiva para tu hijo.

La importancia del entorno

Como padre/madre, se puede sentir que todo esto está muy bien, pero que requiere mucho tiempo y esfuerzo. ¿No sería más rápido pasar por la lista de tareas del profesor y no preocuparse por todo esto? Tal vez... pero no estamos tratando de hacer robots de práctica eficientes. Intentamos crear un entorno en el que tu hijo pueda aprender y tener éxito.

Al preguntarle a los padres y profesores Suzuki cuáles eran los beneficios de un ambiente positivo y propicio para los alumnos, hubo algunos temas comunes en las respuestas que recibí.

Esfuerzo y cooperación: Los estudiantes que practican en un ambiente positivo están dispuestos a esforzarse más y a seguir practicando porque se sienten motivados. "Mi hija está mucho más dispuesta a esforzarse cuando se divierte. Entre más lo sienta como trabajo, más se desinteresa. Mantenerlo ligero y positivo contribuye a más cooperación y a la larga, más progreso", dice el padre Suzuki, Alan Duncan.

Construir una relación de trabajo con tu hijo: "Un entorno positivo y alentador contribuye en gran medida a crear la confianza de que estás ahí para ser un aliado alenta-

Crear un ambiente positivo y musical

dor en su desarrollo musical", dice Jody Morrissette, madre y profesora de Suzuki.

Sentirse seguro para probar cosas difíciles: Si sentimos que nos vamos a encontrar con una retroalimentación severa o emociones negativas, la tendencia es a contenernos e ir a lo seguro. Para tener éxito en la música vamos a tener que probar cosas nuevas y cometer errores. Es parte del proceso. Crea un ambiente en el que tu hijo pueda hacer esto contigo. Namrata Sharma es la madre de una estudiante de violín de cinco años y dice que crear un ambiente positivo ayuda a su hija a sentirse segura para cometer errores y que está más dispuesta a practicar cuando es divertido.

CONSIDERACIONES FINALES

Tú eres el entorno de tu hijo. Eres quien ayuda a establecer el tono de la práctica. Al trabajar cada día con tu hijo con esto en mente, obtendrás un conocimiento especial y una visión de cómo aprende y cómo se motiva.

Mira hacia adelante quince o veinte años: ¿Quién esperas que sea tu hijo? ¿Cómo esperas que enfrente los retos que se le presenten y los proyectos interesantes en los que se involucre? ¿Cómo quieres que recuerde todas las horas que pasó contigo practicando?

La capacitadora de profesores de violín Ann Montzka-Smelser lo dice bien: "Se centran en la confianza, la expresión y la comprensión del niño en lugar de 'nunca equivocarse'. Se concentran en el carácter antes que en la destreza. Los padres crean un ambiente exitoso de apoyo, trabajo duro, disciplina y seguridad para intentar nuevos retos y equivocarse. Los padres necesitan darse esto a sí mismos para ser el mejor ejemplo para sus hijos".

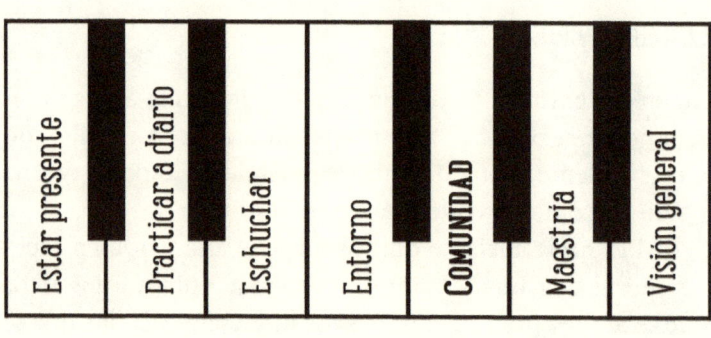

SER PARTE DE TU COMUNIDAD SUZUKI

> *"Crear comunidad es uno de los grandes logros de Suzuki".*
>
> —Alice Joy Lewis

Las familias Suzuki exitosas saben que el proceso de aprendizaje de un instrumento es más que practicar en casa y asistir a las clases. Parte del poder de este método es que no se está solo, se es parte de una comunidad de profesores, padres y estudiantes que trabajan por objetivos comunes.

Cuando sólo nos centramos en nuestro propio viaje, podemos perdernos la visión más general. Podemos olvidar que somos parte de un movimiento más grande de familias, padres y estudiantes que trabajan para hacer buena música, aprender a hacer cosas difíciles y crecer como personas.

Asistir a eventos en tu comunidad, como recitales, clases grupales, festivales y presentaciones, a menudo es lo que inspira y motiva a los estudiantes a practicar y seguir aprendiendo a tocar su instrumento. Más allá de tu comunidad inmediata (el estudio de tu profesor), a menudo habrá oportunidades de participar en talleres y festivales estatales o regionales. Aprovecha oportunidades como esta cada vez que puedan. ¡Es muy importante estar rodeado de gente inspiradora y que está en el mismo viaje que nosotros!

La formadora de profesores Suzuki de flauta, Kelly Williamson, lo dice muy bien: "Las familias Suzuki más exitosas son aquellas que se comprometen con lo que yo me imagino como 'el paquete completo'. Esto incluye clases grupales, recitales de estudios, conciertos comunitarios, talleres, festivales, en algún momento conjuntos de cámara, y/o orquesta juvenil. Cada una de estas actividades construye la confianza del niño con tantas experiencias positivas repetidas, aplicadas capa por capa, que se encuentra en un ciclo de estar listo, preparado y luego exitoso".

CLASES GRUPALES

Asistir a clases grupales (si tu profesor o comunidad las ofrece) es una parte crítica del aprendizaje en el método Suzuki. En las clases particulares, trabajamos en nuestras habilidades individuales para tocar, pero las clases grupales nos ayudan a aprender a tocar en ensambles. Especialmente como profesora de violín, hay muchas destrezas que enseño en las clases grupales que no puedo enseñar de la misma forma solos en las clases privadas.

Como profesora, las clases grupales son igual de importantes para mí para enseñar destrezas y mantener la motivación. Quiero que mis alumnos vengan a las clases de grupo porque aprenderán destrezas para tocar en ensambles, y porque tocar con sus compañeros a menudo será lo que los

Ser parte de tu comunidad Suzuki

mantenga practicando, por querer estar listos para la siguiente clase de grupo. Es un maravilloso ciclo de motivación y refuerzo de lo que estamos practicando individualmente.

A menudo escucho en las lecciones cómo una cierta pieza que escucharon en la clase grupal hizo que un estudiante se entusiasmara con la práctica porque quiso mejorar lo suficiente para tocarla. De repente, un niño que puede ser reacio a practicar tiene una razón para trabajar duro y progresar. Esta es una motivación instantánea que no requiere ningún esfuerzo, más que llegar a la clase grupal para que se den esos momentos de inspiración.

Las clases grupales también dan la oportunidad de que los estudiantes aprendan a tocar bien juntos. Tener piezas para tocar en grupo en los recitales nos da la motivación para mantener esas piezas a un alto nivel de ejecución durante todo el año, lo cual no es una tarea fácil.

A menudo le piden a nuestro estudio que toque en la comunidad: en mercados de agricultores, residencias de ancianos y cerca de la campana del Ejército de Salvación, durante las fiestas. Una vez al año, la clase de grupo avanzada toca en el vestíbulo de la sala de conciertos antes de un concierto de la Orquesta Sinfónica de Oregón, uno de los favoritos entre todos los estudiantes. El hecho de que toquemos juntos con regularidad significa que podemos estar listos para presentarnos cuando nos lo pidan. Entonces, también tenemos la oportunidad de impactar a nuestra gran comunidad no musical.

La clase grupal también es donde los padres se conectan entre sí. Conocer a los otros padres en el estudio y verlos con regularidad gracias a la clase de grupo ayuda a construir esa comunidad Suzuki vital, en la que los padres pueden encontrar apoyo y ver que no están solos.

La capacitadora de profesores de violín Ann Montzka-Smelser, compartió lo siguiente acerca de lo importante que son las clases grupales: "Los alumnos (y padres) que no asisten a la clase grupal con regularidad tienen un porcentaje de renuncia mucho más alto. Las clases grupales son un compromiso; hay una responsabilidad con el equipo. Las amistades entre los padres son tan importantes como las amistades entre los estudiantes. Nos reunimos para inspirarnos y para saber que otros también tienen dificultades. El Dr. Suzuki quería que todos los niveles se combinaran en los contextos grupales, para que los estudiantes jóvenes puedan ver lo que les depara el futuro y los estudiantes más avanzados puedan ser mentores y guiar a los estudiantes más nuevos. Esto también es cierto para los padres Suzuki nuevos y veteranos. Todos crecen".

Recitales y otras presentaciones

Los recitales son grandes motivadores para la práctica; cuando hay una actividad para la que hay que practicar, en mi estudio siempre veo un mayor compromiso con la práctica buena y de calidad. Las presentaciones no sólo son buenos motivadores para practicar con diligencia, sino que también proporcionan otra gran oportunidad para conectar con otros estudiantes socialmente y ser partícipes de la experiencia de vida en comunidad. Escuchar a otros estudiantes tocar y compartir nuestra música con un público son dos cosas muy valiosas para los músicos en desarrollo. He descubierto que los padres se emocionan al ver a los hijos de los otros y los felicitan por su forma de tocar y por su progreso. Así se desarrolla una cultura alentadora y de apoyo.

Ser parte de tu comunidad Suzuki

LAS EXPERIENCIAS EN COMUNIDAD SON ALENTADORAS

Si eres nuevo en el método Suzuki, puede ser muy alentador ver a muchos otros estudiantes avanzando a su propio ritmo, tal como lo hace tu hijo. En verdad no importa cuán rápido avancen por la música; importa si están desarrollando un sonido hermoso, aprendiendo cosas nuevas y perseverando en el proceso de aprendizaje de un instrumento. Puede ser reconfortante escuchar que otras familias trabajan duro en estas mismas cosas. También es reconfortante saber que a nadie le resulta fácil aprender a tocar un instrumento de inmediato. Todos estamos trabajando hacia los mismos objetivos básicos, todos a nuestro propio ritmo.

Esta es una de las formas en que la comunidad puede ser más poderosa: padres que comparten sus luchas y se animan mutuamente con sus experiencias de cómo hacen que las cosas funcionen con sus hijos.

Conéctate con otros padres cuando estés en eventos comunitarios y pregunta qué es lo que más les ayuda a progresar. Averigua cómo fue para ellos cuando su hijo empezó y qué han aprendido a lo largo del camino. Los padres a menudo se sorprenden al descubrir que los estudiantes para quienes todo parece fácil ahora, también tuvieron dificultades.

Quizás veas un estudiante muy preparado, que está al final del Libro Tres, presentándose con facilidad, pero lo que no sabes es que en el primer año de clases se pasó rodando por el suelo y sin hacer ningún tipo de progreso rápido. O puedes ver a un estudiante muy educado que se comporta bien en los recitales y se desempeña bien; pero lo que no puedes ver es que tiene dificultades para completar las sesiones de práctica sin frustración.

Trata de no comparar lo que ves de otras familias y estudiantes en sus mejores momentos, con tu familia y tu hijo en sus peores momentos. En una comunidad solidaria, podemos reconocer tanto que los estudiantes han hecho grandes avances como que todos están trabajando para mejorar algo y apoyarse mutuamente a lo largo del proceso.

Motivación social

Además de todas las razones educativas para formar parte de una comunidad musical, la realidad es que es divertido tocar con otras personas. Cuando era adolescente, hacer música con mis amigos fue lo que me mantuvo tocando mi instrumento.

Mi motivación para practicar por mí misma pudo haber tenido sus altibajos, pero de ninguna manera quería perderme el tiempo con mis amigos en la música. Tocar en una comunidad de compañeros y compartir lo que hemos aprendido es una gran motivación social.

"En mayor o menor medida, todos somos seres sociales", dice Alan Duncan, padre de familia Suzuki. "Hay un fenómeno de 'facilitación social' - en una variedad de actividades, la gente tiende a desempeñarse mejor en situaciones sociales. Los niños también se sienten orgullosos de lo que están aprendiendo. Quieren compartirlo".

Hay muchas cosas que atraen el tiempo y la atención de nuestros hijos, especialmente los adolescentes, y es menos probable que sigan tocando si lo único que eso significa es practicar solos en su habitación para una clase la semana siguiente.

Cuando los estudiantes se conocen bien y hacen amigos en el estudio, se motivan a practicar para poder asistir a

Ser parte de tu comunidad Suzuki

eventos grupales. A los estudiantes los motiva la oportunidad de ver a gente que conocen y les agrada. Este tipo de motivación social hace que los adolescentes sean más propensos a seguir tocando durante los ajetreados años de la secundaria. Quizás pienses que tu hijo no tiene tiempo para este tipo de actividad, pero no subestimes el poder que tiene para mantenerlos tocando. Yo diría que no tienen tiempo para no hacerlo. Incluso si es una experiencia de campamento de verano o un amigo con quien reunirse una vez al mes para tocar a dúo, encuentra una manera para que tu hijo se involucre con sus compañeros.

Ser parte de una comunidad es una manera poderosa de mantener a los estudiantes involucrados. Le recomendaría a cualquier estudiante de escuela media y secundaria que sea parte de algún grupo musical, incluso más allá de sus clases grupales con su profesor o estudio. Ya sea que forme un cuarteto, se una a una orquesta local o simplemente encuentre a un par de amigos con quienes tocar a dúo regularmente. Esto mantendrá a los estudiantes tocando durante una etapa de la vida muy social y ocupada.

LOS NIÑOS APRENDEN UNOS DE OTROS

Estoy muy orgullosa de dar clases de SECE algunos días a la semana. Uno de los principios más importantes de la clase es: *los niños aprenden unos de otros.* He visto lo cierto que es esto tanto en estas clases como en mi estudio en general. Creo que tanto los maestros como los padres pueden aprender algo al reconocer y construir sobre esta verdad acerca de los niños y su desarrollo.

Cuando los estudiantes más jóvenes ven a sus compañeros mayores y más experimentados realizando una tarea, pueden ver la evidencia física de que también es posible para ellos hacer esa tarea. A menudo admiran a los estudiantes mayores y más experimentados en clase y trabajan fuerte para imitarlos.

La otra parte de esta gran relación es que los estudiantes más experimentados tienen la oportunidad de ser líderes, de mostrar a los estudiantes más jóvenes lo que deben hacer dando el ejemplo y teniendo oportunidades de liderazgo. Se sienten celebrados por lo que han aprendido, lo que motiva a los estudiantes más jóvenes a esforzarse por alcanzar nuevas metas. De esta forma, los dos grupos se alimentan mutua y continuamente de motivación.

Esto mismo ocurre en las clases de grupo de instrumentos (y otros eventos de construcción de la comunidad). Los principiantes ven a los estudiantes mayores tocar algo que desearían poder tocar ellos y se sienten motivados a seguir trabajando y a seguir practicando.

Los estudiantes más experimentados saben que tienen un papel de liderazgo y a menudo están a la altura de las circunstancias al ser muy cuidadosos en su forma de tocar y al mostrar cómo se hacen las cosas correctamente.

Este tipo de interacción con los compañeros beneficia a todos y es una gran razón para reunir a tocar a los estudiantes de diferentes niveles. Incluso si tu hijo o estudiante toca un instrumento que es más difícil de tocar en grupo (como el piano), tocar para otros puede ser igual de poderoso y tendrá muchos de los mismos beneficios.

La formadora de profesores en SECE, Sharon Jones, ha notado una gran diferencia en la forma en que las familias de sus estudiantes de violín que participan en las clases de SECE antes de comenzar las lecciones, entienden el beneficio de ser parte de una comunidad.

"En las clases de SECE, las familias aprenden a apoyar a otras familias. Aprenden el beneficio de motivarse unos a otros y entienden la alegría de trabajar juntos de forma cohesionada. Descubren que al celebrar los pequeños pasos de desarrollo en otros niños, son más capaces de reconocer y celebrar el crecimiento de su propio hijo", dice.

Según mi propia experiencia, las clases de SECE fomentan un ambiente de animar a los niños de los demás y celebrar sus logros sin ningún sentimiento de competencia (tal vez porque los niños son muy pequeños), pero esto se traslada al estudio cuando los niños empiezan con sus instrumentos. Esto es algo bueno para tratar de emular en cualquier estudio y de aprender de las clases de SECE, así como una gran razón para que haya una clase de SECE en su comunidad.

COMUNIDAD PARA PADRES SUZUKI

Es importante mencionar que no son sólo los estudiantes los que se benefician de la comunidad que proporcionan las lecciones Suzuki. Al hablar con mis colegas y entrevistar a los profesores para este libro, surgió el tema recurrente de que los padres Suzuki se benefician tanto como los alumnos.

Este método se basa mucho en la participación de los padres en las etapas tempranas, probablemente más que muchas otras actividades que hará tu hijo. Requiere entender cómo aprende tu hijo y cómo trabajar bien con ellos en la práctica diaria. En nuestra cultura tan independiente, se te pide como padre/madre que te involucres mucho en el proceso de aprendizaje y que aprendas a entender y trabajar bien con tu hijo. No es una tarea fácil. Conectarse con otros padres que trabajan para hacer lo mismo puede ser muy útil.

Aquí está lo que algunos profesores Suzuki experimentados han encontrado sobre cómo beneficia la comunidad a los padres Suzuki:

- Alice Joy Lewis enfatizó lo mucho que las familias en su programa se apoyan mutuamente y a sus hijos. Ha notado que ciertos padres en su programa realmente entienden el poderoso impacto de compartir su experiencia con otros padres de esta manera y lo hacen a menudo. Una madre en particular en su programa ha asumido la tarea de acoger a los otros padres y compartir sus experiencias con ellos y, como maestra, puede ver el poderoso impacto que esto tiene. "Puede ser mucho más fácil relacionarse con algo que otro padre/madre te dice sobre cómo funciona el proceso para ellos que simplemente escucharlo de la maestra", dice.

- Ronda Cole compartió que sus familias construyen comunidad entre sí al reunirse para asistir a conciertos, organizar oportunidades para que los niños jueguen (fuera de la clase grupal) e ir a otras actividades sociales. La clase grupal es el constructor de comunidad más importante para padres y niños. Las familias de su estudio se apoyan mutuamente e incluso a veces practican con los hijos de los demás. Los padres comparten experiencias entre sí y se educan realmente entre ellos sobre lo que los hará exitosos en el método Suzuki y en el estudio.

- En mi estudio doy una charla o foro para padres, por lo menos una vez al año, para ayudar a construir comunidad. Siempre empezamos con los padres ha-

Ser parte de tu comunidad Suzuki

blando en pequeños grupos para que se conozcan más allá de quiénes son sus hijos. A menudo oigo a los padres compartir historias de los momentos difíciles en la práctica que han superado y veo lo aliviados que se sienten otros padres al oír que es normal y que no tiene que durar para siempre. A menudo les pido que compartan con el grupo cosas que les funcionan bien en casa. Escuchar las experiencias de la vida real de otros padres es reconfortante y se siente más cercano que simplemente escucharlo de su profesor.

¡No intentes hacerlo solo! El lenguaje se aprende mejor si se está inmerso en un ambiente de otras personas que lo hablan y la música se aprende mejor si se está inmerso en una comunidad de personas que la hacen.

Por favor, si no lo estás ya, involúcrate en tu propia comunidad Suzuki. Si no hay una en donde vives, empieza una pequeña con otros padres a tu alrededor. Asiste a eventos donde los estudiantes toquen para ellos mismos y para la comunidad en general. Hazte amigo de otros padres en el estudio y compartan ideas entre ustedes. Reúne a tu hijo con un compañero de la clase grupal para repasar juntos u organiza un concierto de servicio a la comunidad. Hay muchas maneras de unirse a (o crear) una comunidad mientras aprendemos música juntos. Los animo a ser parte de ella y a disfrutar de los grandes beneficios para tu hijo y para ti.

CONSIDERACIONES FINALES

La capacitadora de maestros Alice Joy Lewis lo resume muy bien: "La comunidad Suzuki es una parte significativa de un enfoque sano del estudio de la música. Mantiene a los alumnos motivados y en el grupo tiene lugar mucho aprendizaje real. Existe el poder de tocar juntos y el poder de adueñarse del repertorio. Salir a la comunidad para presentarse juntos y dar conciertos también lo hace. Si los padres aceptan el poder de la comunidad y hacen que sus hijos se involucren, se están dando a sí mismos y a sus hijos una verdadera ventaja".

Te animo a darte a ti mismo y a tu hijo esa ventaja. La participación comunitaria como una familia Suzuki no es sólo una buena idea si se tiene el tiempo, es una parte integral del proceso de aprendizaje. La mayoría de nosotros no podemos mantenernos motivados si sólo practicamos por nuestra cuenta para las clases; y nuestros alumnos no desarrollan una apreciación del amplio mundo de la música y de cómo construir destrezas para tocar en conjunto, si sencillamente emprenden su educación musical solos, sin comunidad. Encuentren una comunidad en la que involucrarse o empiecen su propia pequeña comunidad con otras familias. El hacerlo tendrá un gran impacto en el éxito de tu hijo.

Ese es el poder de ser una parte activa de tu comunidad Suzuki. Es divertido y motivador estar involucrado en algo más grande que nosotros mismos. Para muchas familias, divertirse y ver a sus amigos es un buen motivador para asistir a eventos. Estar cerca de otros que trabajan para alcanzar los mismos objetivos y con quienes disfrutamos estar es un gran secreto para mantenerse motivado.

Te animo a pensar en formar parte de una comunidad como parte de la lista de cosas por *ser* en lugar de la lista de cosas por hacer. Enseñar a nuestros niños a formar parte de una comunidad solidaria es una buena destreza para la vida y les motivará a tocar y a seguir tocando cuando los estu-

Ser parte de tu comunidad Suzuki

diantes atraviesen períodos en los que la práctica individual se siente como una tarea rutinaria. A menudo, son las partes sociales de la música (orquesta, clase de grupo, etc.) las que hacen que los estudiantes sigan tocando su instrumento en momentos como éste.

Recientemente vi un ejemplo de esto cuando la Asociación Suzuki de Oregón se reunió para nuestra reunión anual en el 2015. Casi la mitad de nosotros había crecido como alumnos Suzuki y todos los demás habían tocado de niños. Nos dividimos en pequeños grupos y una de las preguntas que discutimos fue: ¿Qué nos hizo amar la música cuando éramos estudiantes?

Fue unánime: cada uno de nosotros había amado la música y encontró que lo más motivador fue crecer tocando con otros niños y personas. Todos nos sorprendimos cuando nos dimos cuenta de que no éramos sólo nosotros, que no éramos sólo algunos de nosotros, hasta el último de nosotros encontró que hacer música con nuestros compañeros fue la motivación más poderosa cuando éramos jóvenes. Cambió el enfoque de lo que queríamos lograr como organización y creo que debería cambiar nuestro enfoque como padres.

Descubre cómo tú y tu hijo pueden involucrarse en la comunidad musical que les rodea o encuentra algunos padres con ideas afines y empieza a construir una comunidad en la que sus hijos se reúnan para tocar y creen la suya propia.

"Verse con regularidad en las clases grupales y recitales aporta el reforzamiento silencioso de que vale la pena dedicar tiempo y energía a este viaje, y que todos estamos juntos en él".

—*Kelly Williamson*

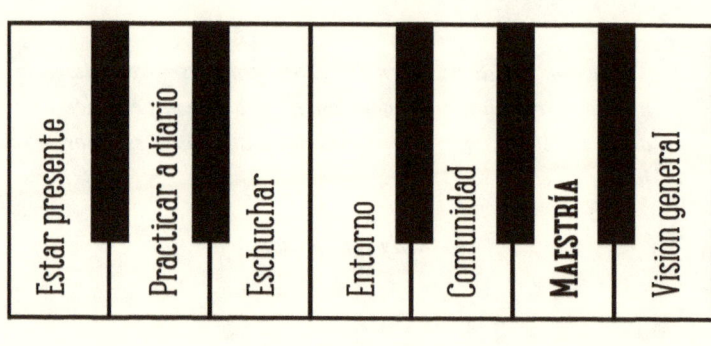

Enfoque en la maestría

"La repetición es la palanca más poderosa que tenemos para mejorar nuestras destrezas... Recibir la repetición con los brazos abiertos significa cambiar tu forma de pensar; en vez de verla como una tarea, mírala como tu herramienta más poderosa".

—Daniel Coyle, *El pequeño libro del talento*

En los métodos más tradicionales de estudio de la música, los estudiantes a menudo se centran en el aprendizaje de nuevo material, en aprenderlo bien y luego pasar a material nuevo. El método Suzuki es diferente por su énfasis en el repaso y la maestría. En este método mantenemos todas nuestras piezas, o al menos un gran número de ellas, en nuestra rotación de piezas que podemos tocar. De esta manera podemos seguir regresando a la música que es más fácil de tocar y usarla para trabajar en destrezas más avanzadas.

A través de este proceso de revisión y repetición estamos tratando de adquirir maestría sobre las destrezas que se necesitan para tocar bien nuestro instrumento. Cuando estamos aprendiendo una nueva pieza, puede que necesitemos toda nuestra energía mental para tocarla correctamente. Sin embargo, cuando una canción es fácil de tocar, tenemos la capacidad de concentrarnos más en los detalles técnicos como fraseo, estilo, matices y tono.

Recientemente tuve la oportunidad de entrevistar a la virtuosa violinista Rachel Barton Pine y le pregunté qué le diría a un estudiante que piensa que es hora de seguir adelante una vez que ha aprendido las notas y la técnica básica de una pieza[10]. Creo que su respuesta ofrece una excelente perspectiva sobre por qué hay que repasar.

> **Christine Goodner:** A veces como profesores, tenemos estudiantes que piensan, "Bueno, ya aprendí las notas y los arcos y el ritmo, así que es momento de seguir adelante". Me encantaría conocer lo que piensas sobre por qué es bueno seguir volviendo a una pieza y refinarla una vez que la hayas aprendido.

> **Rachel Barton Pine:** Si fuéramos atletas y ejecutáramos nuestra rutina y la aprendiéramos con precisión, entonces sería hora de pasar a lo siguiente. Si estuviéramos haciendo matemáticas y descubriéramos que siete más cinco es igual a doce, entonces no puedes ser más perfecto que eso. En la música, la razón por la que nos gusta tanto es que es un arte. Hacer todo bien es el punto en el que realmente empezamos a trabajar. Ese es el principio, no el final.

> Nuestro viaje en realidad nunca termina... Sigo tocando piezas que aprendí cuando estaba en los dígitos simples (de edad) y encontrando cosas nuevas en ellas: refinando mi comprensión y aclarando aún más lo que quiero aportar a cada momento de emoción.

Enfoque en la maestría

Y luego está la experimentación, ¡ahí es cuando realmente se vuelve divertido! Podemos probar diferentes personajes, explorar nuestra personalidad en la música y simplemente darle vida. Creo que es genial cuando los estudiantes hacen cosas que sospechan que no funcionarán, pero lo prueban de todas formas, no sólo haciendo la interpretación que les da el profesor. Es genial tener un profesor que sea flexible y diga: "Probemos esto... quizás tomar un tiempo aquí o quizás tomar un tiempo por acá. ¿Cuál te gusta más?"

Creo que es una buena idea encontrar la manera de que el intérprete, incluso uno muy joven, tenga algún grado de voluntad en su repertorio. De esa manera, no sólo "obedecen" y hacen todo lo posible por hacer las cosas "bien", sino que lo hacen específico para ellos. ¡Personalizar su música los entusiasma muchísimo!

Me encanta su explicación: una vez que sabemos lo básico, podemos empezar a ser artísticos y expresivos y a realmente hacer música. Es fácil, en el proceso de las clases y la práctica diaria, sentir que sólo aprender una pieza es suficiente y que ese es el objetivo final. Pero el objetivo principal es mucho más que los conocimientos básicos para lograr tocar la pieza completa. Seguir trabajando en una pieza que ya sabemos nos permite empezar a ser realmente artísticos y a de verdad hacer música.

La mente maestra

Las familias y los estudiantes exitosos son aquellos que se centran en la maestría y el desarrollo de la habilidad artística en lugar de sólo llegar a la siguiente pieza. El progreso no se juzga por la pieza que tocas, sino por las destrezas que tienes y cómo tocas tu instrumento. A veces es tentador comparar el progreso entre nuestros propios hijos y otros que vemos a nuestro alrededor preguntando a otros padres en qué pieza está su hijo o por cuál libro va. Yo diría que lo cierto es que eso no importa. ¿Cuán bien toca un estudiante? ¿Están tocando musicalmente? ¿Están tocando con sentimiento? Eso es lo que es importante. Regresar a las piezas de repaso y tocarlas tan bien como sea posible debe ser el objetivo en lugar de progresar rápidamente a través de la nueva música.

Convertirlo en propio

Una vez que se aprenden algunas destrezas básicas y los estudiantes pueden empezar a tocar su instrumento con facilidad, los estudiantes suelen empezar a divertirse más cuando tocan. En este punto, los estudiantes van más allá de trabajar duro para aprender una pieza nueva y comienzan a desarrollar una colección de música que es muy personal para ellos y que conocen de arriba abajo.

Con esta colección de música, los estudiantes pueden reunirse con sus compañeros en festivales, talleres y clases grupales con (*eventos grupales donde el repertorio Suzuki se toca en conjunto y de memoria, dirigido por un profesor y con acompañamiento de piano u orquesta de cámara*) y tocar juntos durante mucho tiempo porque tienen música en común que todos conocen bien. Cuando los estudiantes logran hacerla suya, la música que tocan se convierte en *su*

Enfoque en la maestría

canción, no sólo una pieza musical que han escuchado y que no está relacionada con ellos. Este sentimiento de asumirlo en propiedad es lo que impulsa a los estudiantes a practicar bien por su cuenta a medida que crecen y empiezan a ver el estudio de la música como algo que realmente valoran en sus vidas.

Aquí están algunas de las otras razones principales por las que nos concentramos en el repaso y la repetición:

- Para transformar en fáciles las destrezas difíciles.
- Para tener música en común para tocar con otras personas.
- Para dominar las destrezas necesarias para tocar nuestro instrumento.
- Para desarrollar confianza.
- Para añadir técnicas avanzadas a la música que ya sabemos.
- Para tener piezas listas para tocar en cualquier momento que se presente la oportunidad de hacerlo.
- Para desarrollar técnica.

LA CIENCIA DETRÁS DE LA REPETICIÓN Y DE HACER QUE LAS COSAS SEAN MÁS FÁCILES

En nuestra cultura, tendemos a valorar la novedad y consideramos que cualquier cosa nueva es emocionante. Especialmente como adultos, muchos de nosotros amamos la variedad y la novedad. Sin embargo, es importante tener en cuenta que los cerebros de los niños están cableados para la repetición. Los libros de Daniel Coyle, *El código del talento* y *El pequeño libro del talento* son buenas fuentes para aprender más sobre la ciencia que hay detrás de esto. En ellos, explica a profundidad cómo se refuerzan las conexiones en el cerebro cada vez que una persona realiza una tarea física. Entre más repeticiones cuidadosas y correctas se practiquen, más fácil será lograr lo que estamos practicando, porque las señales que se envían desde nuestro cerebro para que la tarea física ocurra pueden viajar muy rápidamente.

Básicamente, la práctica y el repaso hacen que las conexiones de nuestro cerebro sean más fuertes y nuestras destrezas para tocar más sólidas. Es difícil discutir con eso; hacer esto como parte de cada práctica es una gran parte del desarrollo de habilidades sólidas y es por eso que los profesores Suzuki lo enfatizan tanto. Asegúrate de que esto sea parte de tu práctica cada día. El profesor te ayudará a elaborar un plan y hay muchas tablas de repaso disponibles en línea (Google, Pinterest, etc.) para ayudarte a empezar si te has atascado.

Si estás empezando, lo mejor que puedes hacer es comprometerte desde el principio a hacer repaso siempre. Si lo hacen de forma consistente desde el inicio, tu hijo o hija no tendrá problemas para que sus piezas se mantengan fáciles de tocar y tendrá una gran base sobre la cual desarrollar su técnica y su habilidad para tocar de forma musical y artística. ¿Qué significa esto? Significa que todas esas piezas de repaso que practiquen, ayudan a desarrollar las destrezas que implica tocarlas en destrezas rápidas, fáciles y eficientes que pueden hacerse sin pensarlo mucho, lo que les permite a los músicos pensar en técnicas y habilidades más difíciles en su lugar. Las destrezas técnicas que antes se sentían como un reto se convierten en algo que se hace sin esfuerzo y olvidamos que alguna vez fueron difíciles al principio porque las hemos hecho tanto.

Enfoque en la maestría

REPASO (DESDE LA PERSPECTIVA DE PADRE/MADRE)

Si bien los niños pequeños anhelan la repetición, como adultos tendemos a sentir lo contrario y más bien anhelamos la novedad. La realidad como padre/madre es que todo este énfasis en repasar el material que tu hijo ya aprendió, puede crear una tensión entre nuestro deseo de variedad y lo que se nos pide hacer en la práctica con nuestros hijos a diario. Sin embargo, debemos tener en cuenta que es esta repetición la que ayuda a los jóvenes concertistas a desarrollar destrezas en su instrumento y conexiones en el cerebro.

Cuando los niños empiezan a tocar un instrumento a una edad temprana, repetir algo muchas veces es lo que más desean hacer. Los niños pequeños tocarán gustosos las cosas una y otra vez, especialmente si lo convertimos en un juego. Puede que te canses de escuchar lo mismo una y otra vez, pero mientras no compartamos esos sentimientos en voz alta con nuestros hijos, a menudo estarán perfectamente contentos de hacerlo.

Piensa en cómo tu hijo quiere escuchar la misma historia muchas veces. O cómo piden ver la misma película una y otra vez. Así es como funciona el cerebro de los niños. Nosotros, como padres y maestros, deberíamos usar eso a nuestro favor. Cuando llegan a la edad en que la repetición se vuelve menos atractiva, queremos que los estudiantes vean cuánto ayuda a su capacidad de tocar y mejorar. Queremos que elijan usarla porque pueden ver cuánto les ayuda a aprender.

Por más que desees pasar a cosas nuevas, permite que tu hijo se concentre en el repaso y la repetición. La maestría viene de saber algo y luego practicarlo hasta que sea automático. Incluso antes de que la investigación sobre el cerebro pudiera mostrarnos por qué, Suzuki comprendió esta necesidad de repetición. Él dijo la famosa frase, "La habilidad es el conocimiento más diez mil veces".

IDEAS PARA FACILITAR LAS REPETICIONES

Entonces, ¿cómo exactamente es que nos enfocamos en la maestría durante la realidad diaria de la práctica? En primer lugar, realmente es un cambio en nuestra forma de pensar. Tenemos que estar dispuestos a dejar de sentirnos presionados a forzar a nuestros hijos o hijas a pasar a la pieza nueva y emocionante que están a punto de aprender y en cambio centrarnos en cómo estamos tocando lo que ya sabemos.

Necesitamos tomarnos un tiempo durante el curso de cada semana para ayudar a nuestros niños a dirigir la atención a lo que significa tocar algo con arte y maestría. Suelo recomendar que entre un tercio y la mitad del tiempo de práctica de mis alumnos se dedique a trabajo de repaso. También enfatizo que si sólo tienen poco tiempo para practicar y tienen que elegir una cosa de su lista de tareas para tocar, quiero que sean las piezas de repaso. Esto se debe a que sé, por mi experiencia como estudiante y ahora como profesora, que la capacidad de tocar bien proviene de este tipo de trabajo. No hay un atajo hacia la maestría, sino que viene de hacer algo consistentemente y dedicarse a la práctica a lo largo del tiempo para que suceda.

Las siguientes son algunas formas para pensar en cómo hacer que el repaso en las sesiones de práctica diarias y semanales se dé con mayor facilidad.

CONVIERTE EL REPASO EN UN JUEGO

Pequeños cambios en la forma en que algo se repite pueden darle un poco de novedad y un aire nuevo. Tocar algo tres

Enfoque en la maestría

veces en cada habitación de la casa o tocar algo para cada peluche en la habitación, son un par de buenos ejemplos. Un pequeño cambio de enfoque como este puede hacer que las repeticiones se sientan nuevas otra vez. Recuerda que nuestro objetivo es hacer que las cosas sean más fáciles a través de la práctica y eso sólo se logra con suficientes repeticiones para que se convierta en algo fácil y automático, en lugar de simplemente entender el concepto y seguir adelante.

Contar objetos pequeños para llevar la cuenta de las repeticiones funciona bien para los niños pequeños, así como tirar los dados para ver cuántas veces repetir algo. En cada repetición los alumnos mueven pequeños objetos como animales de plástico, borradores o monedas de un lado al otro del atril. Últimamente, un motivador favorito entre los niños de tres y cuatro años a los que enseño, es poner una calcomanía para cada repetición en una ficha en blanco.

A medida que los estudiantes avanzan y necesitan completar más repeticiones, puedes asignar unas cuantas repeticiones a cada objeto contador que se mueva. En la parte de atrás del libro de Edmund Sprunger, *Helping Parents Practice (Ayudando a los padres/madres a practicar)*, hay algunos juegos de práctica geniales como este. Se los recomiendo encarecidamente.

Tengan una rutina de repaso

Hay muchas formas de crear una rutina para el repaso. Diferentes ideas le llamarán la atención a distintos estudiantes y los estudiantes también disfrutarán de tener un nuevo acercamiento a su rutina de vez en cuando para mantener las cosas interesantes. Lo más importante es darse cuenta de que hay que hacerlo y cumplirlo.

Las siguientes son algunas que le han funcionado a mis

estudiantes y a los de mis colegas también.

- **Tablas de repaso:** Se pueden encontrar muchas tablas en línea, que rotan las piezas para que los estudiantes las repasen según el día de la semana. De esta manera, la música ya está dividida y se aseguran de no olvidar nada.

- **Sacar piezas a la suerte**: Escribe en un papel el nombre de cada pieza a repasar y el estudiante saca una pieza al azar a la vez para ver qué sigue en su repaso. Quizás quieras tener dos recipientes para que las piezas que han tocado más recientemente estén separadas de las que no han tocado aún.

- **Un libro por día:** Recientemente tuve un estudiante de Libro Tres que alternaba todas sus piezas del Libro Uno el primer día y luego todas las del Libro Dos el segundo día, una y otra vez. Para él, esto era eficiente y fácil de recordar, y parecía funcionarle muy bien.

- **Impares y pares:** Mi colega Celeste Okano compartió esta idea hace poco: los días impares del calendario equivalen a los números impares del libro por repasar ese día. Esta es otra gran forma de dividir las piezas y tocarlas todas.

Renovación

Yuko Honda, una de mis formadoras de profesores de violín más influyentes, siempre enfatizó que debíamos enfocarnos en *renovar* piezas en lugar de *repasarlas*. ¿Cómo podemos tocar una pieza mejor de lo que la hemos tocado antes?

Enfoque en la maestría

¿Cómo mejoramos siempre nuestras destrezas en lugar de repetir sin pensar?

Trabajar para que algo sea mejor y más bello es mucho más interesante que simplemente repasar una lista de canciones como si se tratara de tareas inútiles. Mantener este enfoque mientras completan la porción de repaso de la práctica es una idea muy útil. Sería increíblemente aburrido, sin mencionar una pérdida de tiempo, tocar piezas una y otra vez sin mejorarlas y cambiarlas con el tiempo. Cada vez que tu hijo toque una pieza de repaso, concéntrense en hacerla mejor que la vez anterior. A menudo recomiendo trabajar en mejorar una cosa a la vez, como el sonido, y aplicar eso a cada pieza de repaso en un día determinado o en el transcurso de una semana. De esta manera, no sólo mejora cada canción, sino que también hay una mejoría general en un aspecto de tocar nuestro instrumento.

Este es un ejemplo: mis estudiantes acaban de completar un desafío de formas de sostener el arco. Trabajamos en nuestra forma de sujetar el arco al principio de cada clase y práctica, y también nos concentramos en mantener en su sitio esa forma mejorada de sujetar el arco al tocar nuestras piezas de repaso. Los resultados siempre fueron un mejor sonido. Enfocarse de este modo en una cosa a la vez ayuda a que mejore todo lo que un estudiante toca. Eso es usar las piezas aprendidas para *renovar* nuestra forma de tocar.

Otra forma de renovar las piezas que tu hijo está repasando es escuchar diferentes versiones de la misma pieza para comparar cómo se interpreta la canción. Notarás que pocos intérpretes tocan una pieza exactamente igual y la conciencia de que puede haber diferentes interpretaciones de la misma pieza realmente puede ayudar a los estudiantes, especialmente a los avanzados, a ver con renovado interés la música que están repasando.

Darle a los estudiantes una razón motivadora para hacer repaso

Además de tener un enfoque para repasar, lo más poderoso que puedes hacer para motivar a tu estudiante a repasar bien es que haya un propósito detrás del repaso. Si hay una razón de peso para tocar la pieza y hacerla más fácil y más bella, los estudiantes estarán más interesados en hacerlo. Se espera que hayan aprendido bien ciertas piezas de repaso para hacer cosas como tocar piezas de grupo en el próximo recital con otros alumnos o ir al instituto (campamento Suzuki) en el verano. Estas son algunas otras ideas:

- Organizar un concierto de repaso para familias, amigos o un hogar de ancianos local. Los estudiantes pueden hacer programas y elegir las piezas de repaso que interpretarán.

- Organiza un desafío de repaso con una recompensa divertida al final para tu(s) propio(s) hijo(s) o para tus estudiantes. Familias de mi estudio han tenido mucho éxito con una recompensa al final como ver una película favorita o leer un libro favorito con sus padres.

- Organicen una clase grupal para todos los niveles (*play-ins*). Nuestra Asociación Suzuki local empezó a celebrar clases grupales trimestrales para todos los niveles (*play-ins*). Se eligen las piezas y alumnos de muchos profesores diferentes se reúnen para tocar juntos. Para mis propios alumnos, esto es una buena motivación para asegurarse que las piezas de esa lista sean fáciles de tocar y suenen tan bien como sea posible.

Si ves que la motivación para el repaso decae para ti o tu

hijo, les sugeriría una de estas ideas. También, pregúntale a tu propio maestro por ideas que él o ella puedan tener. Ten una razón para que esas piezas suenen lo mejor que sea posible para tu hijo y entonces la motivación para practicarlas realmente puede despegar.

Consideraciones finales

Uno de los hábitos de las familias Suzuki exitosas es sacar tiempo para que las piezas de repaso sigan siendo fáciles mientras se mejoran consistentemente. Mantén una mentalidad enfocada en la maestría, no una mentalidad enfocada en aprender cosas nuevas rápidamente y luego dejarlas atrás. Regresar a las piezas y renovarlas con regularidad hará que crezca la habilidad de tu hijo o hija para tocar su instrumento con facilidad. Lo que tu hijo puede tocar no es ni remotamente tan importante como la *forma* en que lo haga. Es importante que maestros y padres por igual se mantengan enfocados en eso – sobre todo cuando como adultos tenemos la tendencia de divertirnos más con las cosas nuevas y novedosas.

Construye un buen hábito de repaso desde el principio y ayúdale a tu hijo a mantenerse motivado para repasar al darle oportunidades de participar en eventos donde se pida la interpretación de estas piezas con un alto nivel de ejecución. Esto contribuirá en gran medida a su éxito como alumno Suzuki.

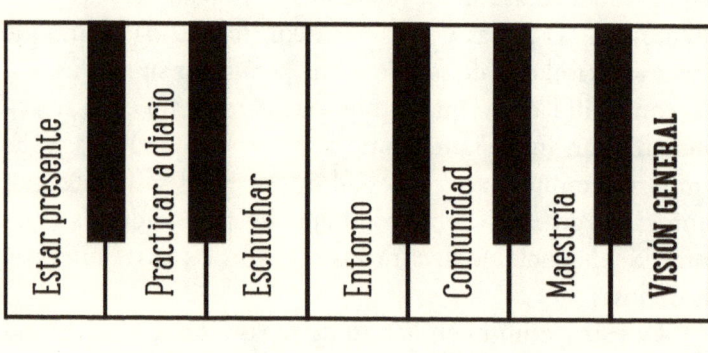

ENFOCARSE EN LA VISIÓN GENERAL 10

Mientras tu hijo aprende a tocar su instrumento, es fácil extraviarse entre todos los detalles y perderse la visión general cuando hay que tener en cuenta tantas cosas diferentes. Puede parecer un largo viaje, el que va desde donde tu hijo está ahora, hasta lo que ves tocar a los estudiantes mayores, de etapas más avanzadas.

Centrarse demasiado ahora en los pequeños detalles, puede hacer que perdamos la perspectiva más general de lo que estamos haciendo durante muchos años, tanto en la música como en el desarrollo general del carácter de nuestros hijos.

Cada semana, el profesor les enviará a casa con tareas de práctica, a menudo con un tema principal para la semana (o por tarea). Estos temas te dicen lo que tu profesor piensa que debería ser tu objetivo general en ese momento. A veces resulta tentador ignorar estas instrucciones del profesor y centrarse en cosas que nosotros, como padres o madres, consideramos más importantes en ese momento. Por favor recuerda que un buen profesor tendrá en mente una visión a largo plazo de cómo llevar a tu hijo desde donde está ahora, a etapas más avanzadas de la ejecución de su instrumento. Ignorar estas ideas generales (en las que tu profesor está capacitado y en las que tiene experiencia) ralentizará el progreso y entorpecerá el crecimiento a largo plazo, incluso si parece que ahora se interponen en el camino más rápido. Recuerda que tu profesor está tratando de ayudar a que tu hijo se desarrolle como músico y hay muchos pasos en la ruta a lo largo de ese proceso.

El profesor Robert Duke (Universidad de Texas, Austin) lo resume bien en su libro, *Enseñanza inteligente de la música (Intelligent Music Teaching)*[11]. Él dice: "Aprender a tocar o cantar cualquier escala, cualquier ejercicio o cualquier pieza nunca es el objetivo verdadero de la instrucción musical, aunque los profesores a veces verbalicen esto como sus objetivos. El verdadero objetivo -el objetivo significativo, sustancial y de largo alcance- es que los estudiantes se conviertan en músicos estupendos, haciendo todas las cosas que hacen los músicos estupendos, sin importar lo que se toque o cante en ese momento".

Esta es una gran forma de ver la visión general, tanto musical como de desarrollo. Sea cual sea la pequeña cosa en la que estamos trabajando, estamos *realmente* trabajando en ser grandes músicos y (yo añadiría) grandes seres humanos también.

Más allá de lo que el profesor enfatice en las lecciones de cada semana, hay tres temas de perspectiva general que los padres y madres Suzuki deben tener siempre en mente: el sonido, el desarrollo de la técnica y el desarrollo del carácter.

Enfoque de una visión más general: Tono

Hay muchas cosas en las cuales concentrarse al practicar. El mismo Suzuki enfatizó el enfocar la atención en una cosa a la vez al practicar. Si tienes dudas de qué es, trabajen en el tono.

Enfocarse en la visión general

El tono se define (según el diccionario Merriam-Webster) como "la calidad de sonido producida por un instrumento musical o una voz cantante". El tono va más allá de tocar afinado. ¿Cuán cálido es el sonido? ¿Tiene una cualidad resonante o una cualidad áspera? ¿Comunica algo a través de la música?

Un tono bello es difícil de describir, pero solemos reconocerlo cuando lo escuchamos. Es el tipo de sonido que hace que la música sea agradable al oído y ayuda a comunicar emociones y sentimientos. De forma muy simple, se puede pensar en este concepto como tocar con un hermoso sonido.

Las piezas de repaso, especialmente las fáciles, son otro gran lugar para concentrarse en el tono. ¿Cómo suena cada nota de una pieza? ¿Ciertas notas (o notas en ciertas cuerdas, para los músicos de cuerdas) suenan más bellas que otras? ¿Cómo podemos hacer que cada nota sea hermosa? Este es un proyecto a largo plazo en el que vale la pena trabajar. Cualquiera puede pasar por las notas de prisa y llegar al final. Un buen músico cuenta una historia, comparte un sentimiento y hace un sonido hermoso con el instrumento.

Dependiendo del instrumento, variarán las técnicas y los ejercicios por dominar para tener un tono hermoso. Pero enfocarse en esto como parte de la visión general será importante para cualquier cosa que toquen.

Muchos profesores ayudan a los alumnos a desarrollar el tono usando el ejercicio de tonalización de Suzuki, poniendo a los alumnos a tocar en cuerdas abiertas (para los que tocan cuerdas) o a calentar con escalas. A veces podemos estar ansiosos de pasar a otras partes de la práctica y darle menos tiempo de lo debido a estas tareas menos emocionantes; sin embargo, es aquí donde los alumnos desarrollan la habilidad de tocar con un sonido hermoso. Completar estas tareas de calentamiento no sólo es un trabajo de rutina; a menudo es donde mejor podemos desarrollar el tono.

Enfoque de una visión más general: Desarrollo de la técnica

Otra parte de la visión general es el enfoque en la técnica. Cada vez que aprendes una nueva pieza como estudiante Suzuki, estás aprendiendo la técnica para tocar bien tu instrumento.

Eso puede parecer una afirmación muy obvia, pero es fácil enfocarse tanto en el aprendizaje de nuevas piezas y música, que olvidamos usar esas canciones para aumentar nuestra habilidad para tocar bien.

El formador de profesores Suzuki (y pionero del método Suzuki en América) John Kendall, es famoso por hacer que los profesores en formación golpeen la mesa y repitan, "¡Usamos las piezas para enseñar la técnica! ¡Usamos las piezas para enseñar la técnica!". Como profesores, debemos tener esto en cuenta cada vez que enseñamos y como padres, también debemos tenerlo en cuenta cada vez que practicamos. Es fácil perder el enfoque de que la construcción de la técnica es uno de nuestros principales objetivos.

Presta mucha atención a la postura, a las posiciones de las manos y los otros pequeños detalles de tocar de los que habla tu profesor cada semana en las clases. ¡Esto es lo que apoyará tu habilidad para tocar música más avanzada más adelante!

Apresurarse y sólo aprender las notas en el orden correcto, sin prestar atención a la forma en que se toca el instrumento, creará grandes problemas más adelante. Convertirse

Enfocarse en la visión general

en músico conlleva mucho más que aprender las notas. Confía en tu profesor: cuando disminuya la velocidad para hablar de pequeños detalles, a menudo tiene en mente la visión general de desarrollar la técnica.

Ahora puede ser difícil ver por qué los pequeños detalles técnicos son importantes, pero todas las habilidades que están construyendo ahora les ayudarán a desarrollar el nivel de técnica para tener éxito más adelante.

La instructora de profesores Kelly Williamson compartió que durante sus primeros años como profesora desarrolló lo que llamó la "Pregunta de oro". Se preguntó a sí misma: "¿Qué necesita este niño de mí en este momento?" Como padre/madre de familia en el mismo barco, te animo a hacerte esta pregunta a menudo.

ENFOQUE DE UNA VISIÓN MÁS GENERAL: DESARROLLO DE CARÁCTER

Como parte de la visión general, también es importante dar un paso atrás y observar los rasgos de carácter que estamos desarrollando mientras estudiamos música. Puede haber muchos altibajos cuando un estudiante aprende a tocar un instrumento. Momentos en los que la motivación es alta y los logros son fáciles de ver, así como también momentos en los que parece que no pasa nada y los niveles de frustración son altos. A través de todos estos resultados y emociones diferentes, tu hijo está desarrollando quién es como persona. A veces, cuando no vemos mucho progreso musical, es prudente apartarse y mirar qué más está aprendiendo nuestro hijo.

- Quizás desees que tu hijo esté en una clase de grupo u orquesta de diferente nivel, pero a veces ser el más avanzado en un grupo es lo que le permite al estudiante desarrollar confianza y destrezas de liderazgo.

- Quizás hoy tu hijo no tenga ganas de practicar, aunque hay tiempo de sobra para hacerlo. Pero cumplir y hacer al menos algún tipo de práctica les enseña compromiso con sus objetivos y disciplina.

- Puede que tu hijo esté en la misma pieza durante mucho tiempo y quizás parezca que no logra entender cómo dominar las destrezas que le pide el maestro para seguir adelante. Pero al regresar una y otra vez a enfrentar el reto, tu hijo puede aprender a seguir abordando los problemas con diferentes soluciones posibles hasta que algo funcione.

Podría seguir y seguir dando ejemplos y tal vez tú puedas pensar en algunos que apliquen específicamente a tu situación. A veces, cuando surgen los problemas, no hay una respuesta clara sobre qué hacer, pero puede haber una respuesta clara para desarrollar el buen carácter de nuestros niños o estudiantes. Es una parte importante de la visión general que hay que tener en cuenta.

Podemos sentirnos tentados a rendirnos y a dejar de tocar cuando el progreso musical no se produce tan rápido o tan fácilmente como queremos. Pero esto implica no tener una visión a futuro; a menudo los obstáculos con los que se encontrarán al practicar un instrumento son los mismos con los que tu hijo se topará ante alguna material difícil en la escuela o en algún otro ámbito de la vida.

Las familias Suzuki exitosas saben que el éxito está compuesto de la suma de muchas pequeñas victorias, a veces difíciles de ver. Es aprender a estar tranquilo y concentrado. Es aprender a sostener el instrumento (y todos los pequeños pasos que esto implica). Es aprender a reconocer el sonido que hacen las diferentes notas y cómo producir ese sonido de manera consistente. Podría continuar sin parar.

No es tan importante que todos los días sean perfectos o que cada pieza del rompecabezas sea perfecta. Lo que intentamos desarrollar son grandes seres humanos que también toquen música maravillosa. *Esa* es la visión general.

¿Quién será mi hijo, dentro de diez o veinte años, debido a que hemos hecho este viaje? ¿En qué tipo de personas de este mundo los habrá convertido el llegar a ser músicos en la medida de sus posibilidades?

La visión de Suzuki era desarrollar grandes personas con hermosos corazones. ¿Cómo estamos nosotros como profesores y padres provocando que eso se desarrolle en nuestros niños y alumnos?

La visión general: Lo que tu hijo necesita

¿Qué necesita tu hijo de ti para ayudarle a centrarse en la visión general? Puede ser tu ayuda para mantenerse concentrado en lo que el profesor quiere que mejore con la práctica de esta semana. Puede ser un problema técnico que están tratando de resolver. Pero también perfectamente podría ser ánimo y la creencia inquebrantable de que son capaces de lograrlo o sólo saber que estás ahí y disfrutas el tiempo que pasas con ellos.

"A veces tenemos que poder ver más allá de las prácticas desafiantes cuando suceden y ver lo que estamos haciendo como parte de visiones más generales", dice Williamson.

"La filosofía Suzuki lo explica muy claramente, cuando el Dr. Suzuki dice que el progreso tiene lugar al ritmo de cada alumno. Donde estamos ahora mismo es exactamente donde se supone que debemos estar".

Comprobando la visión general con tu profesor

Una forma en la que me gusta ayudar a las familias de mi estudio a volver a centrarse en la visión general es hacer reuniones de padres y maestros una vez al año. Es un momento para dar un paso atrás y mirar lo que se ha logrado, hacia dónde nos dirigimos y qué cambios de rumbo podemos querer hacer para obtener los resultados que buscamos.

Esto es realmente individual, porque los diferentes estudiantes aprenden a ritmos distintos, enfrentan la superación de diferentes retos y tienen diferentes objetivos. He descubierto que hablar cara a cara y estar en la misma página con los demás, nos ayuda a todos a entender las perspectivas y objetivos de cada uno y lo que podemos hacer para ayudar al estudiante a tener éxito.

Incluso si tu profesor no realiza este tipo de conferencias para todo su estudio, la mayoría de los profesores estarían abiertos a una solicitud para tu familia o tu hijo o hija. Ciertamente valdría la pena preguntar.

También recomiendo asistir a cualquier charla de padres Suzuki que se ofrezca en tu zona, por tu profesor o en la comunidad en general. Trato de ofrecer al menos una charla para padres durante cada año escolar para las familias en mi estudio y son las familias que vienen a este tipo de eventos las que siento que realmente entienden cómo mejor ayudar a sus hijos.

En mis charlas, a menudo elijo un tema que creo que

Enfocarse en la visión general

es el que más necesitan los padres y madres de mi estudio o sobre el que recientemente he aprendido más y quiero compartir. Es una excelente forma de que todo el estudio se enfoque de alguna manera en la visión general. No todos los profesores ofrecen esto; es una novedad en mi estudio desde hace un par de años.

Si tu profesor no lo ofrece, buscaría recursos como este en el ámbito más amplio de tu comunidad Suzuki. Una vez al año, la Asociación Suzuki de las Américas (SAA, por sus siglas en inglés) ofrece una serie de vídeos en línea para padres llamada *Padres como socios*, donde se comparten charlas cortas sobre cómo ayudar a hacer que el viaje Suzuki funcione un poco mejor para tu familia. Se los recomiendo muchísimo.

También, la lectura de libros como este o los blogs Suzuki son una excelente forma de seguir pensando más allá de tus propias clases y sesiones de práctica cada semana. Es bueno tener una nueva perspectiva de vez en cuando y re-enfocarse en lo que es más importante cuando practicamos con nuestros hijos.

HACER UNA LISTA DE PROGRESO

Me gustaría animar a todos los padres a hacer una lista de las cosas que sus hijos han aprendido desde que empezaron con sus instrumentos (o en el último año, incluso). Puedes incluir destrezas instrumentales propias, teoría musical o habilidades de lectura y, con seguridad, el desarrollo del carácter que hayas visto ocurrir.

Si eres como la mayoría de las familias, obtendrás una lista bastante extensa. Esto es muy bueno para tener en cuenta cuando sientes que la práctica es un gran esfuerzo diario o cuando es difícil salirse de los detalles del día a día y ver la visión general de lo que la música está haciendo por tu hijo. A menudo, es muy alentador ver cuánto progreso se ha hecho. Lo cierto es que es muy difícil de ver mientras ocurre día tras día. Es muy parecido a ver una foto de nuestros hijos de hace un año o dos, no hemos notado un gran cambio porque los vemos todos los días, pero al mirar hacia atrás pensamos, "¡Wow! ¡Mira qué jóvenes eran!" y nos sorprenden los cambios.

Consideraciones finales

Entonces, ¿en qué intentamos centrarnos cuando hablamos de la visión general? Realmente es una mezcla entre destrezas musicales y personales. Estamos en un viaje a largo plazo para mejorar ambas.

Es importante no preocuparse demasiado acerca de dónde estamos ahora mismo, sino más bien notar lo lejos que hemos llegado y tener fe en que seguiremos creciendo. ¿Qué estamos desarrollando en nuestros hijos como músicos y como personas a través de nuestras clases, la práctica diaria y otros hábitos como músicos?

Puedes encontrar una lista de las cualidades de carácter que he visto a los estudiantes desarrollar, en http://www.suzukitriangle.com/50-character-qualities-developed-in-music-students/. ¿Cómo has visto a tu hijo crecer en estas áreas?

Algunos alumnos Suzuki llegarán a ser músicos profesionales, pero muchos seguirán una variedad de otras carreras. Cualquiera que sea lo que nuestros niños terminen haciendo en la vida, puede verse afectado positivamente por sus estudios de música. Ser personas con carácter, aprender

Enfocarse en la visión general

a trabajar duro, aprender a ser sensibles y prestar atención a los detalles, son todas partes de ser un ser humano maravilloso, lo cual, después de todo, es realmente el objetivo del método Suzuki.

Así que concéntrense en esto: ¿Cuán lejos ha llegado tu hijo o estudiante con su instrumento? ¿Cómo lo has visto desarrollarse como persona? ¿Cómo puedes ayudarles a dar grandes pasos en ambas áreas como su profesor o padre/madre? Como Kelly Williamson lo expresó tan bien, *Estamos exactamente donde se supone que debemos estar.*

Consideraciones finales

Este libro ha sido un estudio de las diferentes formas en que se pueden adoptar los hábitos y la mentalidad de las familias que alcanzan el éxito en el método Suzuki. Me apasiona ayudar a llevar esta información a los padres y profesores, y he pasado años tratando de encontrar las mejores formas de compartir esta información con ellos. Este libro surgió como una forma de hacerlo.

Tiene la intención de ser una guía práctica y amigable para los padres para ayudar a que el método Suzuki funcione en sus vidas diarias como una familia Suzuki. Es el tipo de guía que desearía haber tenido cuando yo misma fui madre Suzuki.

Si bien este libro pretende ser una mirada básica sobre los diferentes hábitos y la mentalidad que ayuda a las familias a tener éxito, desde luego no cubre todos los temas posibles o las circunstancias de cada familia. Estoy segura de que se puede decir más sobre cada uno de los temas discutidos aquí e insto a los padres y profesores a usar este libro como un punto de partida para iniciar conversaciones que sean más específicas sobre su situación individual. Espero que todos puedan añadir sus propias historias y sabiduría a la conversación.

Me gustaría terminar con algunas consideraciones

finales.

Crecer como estudiante Suzuki es una parte importante de mi identidad. Las lecciones que aprendí sobre mí misma y sobre la vida al practicar a diario con mis padres, trabajar con grandes maestros, hacer música con mis compañeros y aprender a resolver cosas difíciles, formaron quien soy, mucho más allá de mi habilidad para tocar el violín y la viola.

Fui muy afortunada de tener padres que entendían los conceptos de este libro. Para ellos, en *quien* me estaba convirtiendo al crecer era mucho más importante que cualquier objetivo a corto plazo que tuvieran para mí, y desde luego más importante que la forma en que tocaba mi instrumento o la rapidez con la que aprendía música nueva. Sin embargo, se esperaba que siempre diera lo mejor de mí. Creo que el equilibrio entre esas dos cosas es de vital importancia.

Todos los profesores Suzuki que entrevisté enfatizaron que el éxito en este método significa desarrollar a cada estudiante como persona, no sólo desarrollar sus habilidades musicales. ¿Qué mayor vocación tenemos como padres, sino hacer lo mismo?

Los aspectos del método Suzuki que ayudan a los alumnos a tener éxito, como practicar todos los días, estar presentes, escuchar buena música, ser parte activa de la comunidad, crear un ambiente positivo y propicio, y enfocarse en la visión general, te ayudará a hacer justo eso.

Mi deseo para las familias Suzuki es que usen lo que sus hijos están aprendiendo en este método para ayudarles a alcanzar su potencial en su instrumento y como seres humanos.

Espero que la lectura de este libro les ayude a hacer justamente eso.

Recursos Útiles

Más sobre el método Suzuki:

www.SuzukiAssociation.org

Blogs Suzuki favoritos:

www.PluckyViolinTeacher.com
www.TeachSuzuki.blogspot.com
www.SuzukiExperience.com
www.ChiliDogStrings.com

Educación Musical Temprana Suzuki:

https://suzukiassociation.org/ece/
http://suzukiece.com/Pages/links.htm

Agradecimientos

Este es un proyecto que no podría haber hecho sin un enorme sistema de apoyo. Si me escuchaste hablar de ello, me animaste o me ofreciste ideas de alguna manera, ¡tienes mi más sincero agradecimiento! También quiero agradecer a las siguientes personas en específico:

Primero me gustaría agradecer a mi asombrosa editora, Shayla Eaton, por su tiempo y su ayuda experta para preparar este libro para su publicación.

Gracias a la diseñadora Melinda Martin por su ayuda en hacer que este libro luzca increíble, incluyendo la portada y el formato.

Gracias a los formadores de maestros que generosamente dieron su tiempo y experiencia a este proyecto: Ronda Cole, Sharon Jones, Alice Joy Lewis, Ann Montzka-Smelser y Kelly Williamson.

Gracias a mi padre y hermanos (Thomas D. Wilson, Richard C. Wilson, y Charles B. Wilson) que compartieron sus conocimientos sobre publicación y escritura de libros conmigo y me ayudaron con retroalimentación a lo largo del camino.

Un enorme agradecimiento a mi marido Mike por su apoyo interminable; nunca piensas que mis ideas salvajes son demasiado locas para intentarlas. Wendy Knight: por ser una amiga de toda la vida, primera lectora y por guiarme durante todos los altibajos de este proceso. Gracias a los padres y profesores Suzuki que contribuyeron con su aporte, incluyendo: Alan Duncan, Lauren Lamont, Lisa Hansen, Michele Monahan Horner, Jody Morrissette, Celeste Okano, Jo-Anne Steggall y Namrata Sharma.

Gracias a un equipo de amigos que escucharon y sugirieron de manera continua: Liz Peyton, Angel Falu Garcia, Jen Gillette, Rebekah Hanson y Danette Schuh.

Gracias a todos los increíbles profesores de la Asociación Suzuki de Oregón por compartir sus ideas y hacer que la nuestra sea una comunidad increíble.

Y para todos mis propios profesores Suzuki y formadores de profesores: gracias por enseñarme a tocar, a enseñar y a ayudar a compartir el espíritu del Dr. Suzuki.

Sobre La Autora

Christine Goodner es una dinámica y experimentada profesora Suzuki con más de 18 años de experiencia en educación musical. Su mezcla única de experiencia en música, desarrollo infantil y liderazgo le da un enfoque holístico para trabajar con profesores, alumnos y sus padres/madres. Christine es licenciada en Educación Infantil y tiene una amplia formación docente a través de la Asociación Suzuki de las Américas (SAA). Enseña violín, viola y Educación Musical Temprana Suzuki (SECE, por sus siglas en inglés) en Hillsboro, Oregón y actualmente se desempeña como Presidenta de la Asociación Suzuki de Oregón.

Puedes leer más de lo que ha escrito y encontrar actualizaciones sobre nuevos proyectos en su blog, SuzukiTriangle.com.

Fuentes

(Notas al final)

1 Daniel Coyle, *The Talent Code: Greatness Isn't Born. It's Grown. Here's How* (Bantam Books: New York, New York, 2009).

2 Ibid, pg. 104.

3 Alan Duncan, SuzukiExperience.com.

4 Shin'ichi Suzuki, *Nurtured by Love* (Alfred Music Publishing Company: Van Nuys, California, 2012).

5 Angela Duckworth, *Grit: The Power of Passion and Perseverance* (Scribner: New York, New York, 2016).

6 Judith Stein, Lynn Meltzer, Kalyani Krishnan, Laura Pollica, *Parent Guide to Hassle-Free Homework: Proven Practices that Work—from Experts in the Field*

7 Gretchen Rubin, *Better Than Before: What I Learned About Making and Breaking Habits—to Sleep More, Quit Sugar, Procrastinate Less, and Generally Build a Happier Life* (Broadway Books: New York, New York, 2015).

8 Michele Monahan Horner, *Life Lens: Seeing Your Children in Color* (MCP Books: Minneapolis, Minnesota, 2016).

9 Ibid.

10 Christine Goodner, "Artistry, Inspiration, and Suzuki Parenting: An Interview with Rachel Barton Pine," Suzuki Association of the Americas. Publicado 1 de noviembre del 2016. Consultado el 29 de marzo de 2017. https:// suzukiassociation.org/news/artistry-inspiratio n-suzuki-parenting- interview/.

11 Robert Duke, *Intelligent Music Teaching: Essays on the Core Principles of Effective Instruction* (Learning and Behavior Resources: Austin, Texas, 2007).

www.ingramcontent.com/pod-product-compliance
Lightning Source LLC
Chambersburg PA
CBHW030438010526
44118CB00011B/691